さよさんの

開運・整理収納術

小西紗代

宝島社

片づければ片づけるほど幸運とお金が舞いおりる

はじめまして。整理収納アドバイザーであり、風水鑑定士の小西紗代です。整理収納アドバイザーの資格を取得後、翌年から自宅で整理収納教室を開始。2年後には、新たに風水鑑定士の資格も取得しました。現在は整理収納と風水をミックスし、**運も家も磨く整理収納術**をお伝えしています。整理収納アドバイザーである私が、なぜこの資格を取得したのか？　まずはそこからお話しさせてください。

収納教室にお越しくださる方は、ほとんどが整理収納にお困りの方。いつの間にか家の中に物が溢れ、「どうにかしたい！」と思いつつ、物への愛着から、なかなか手放せない、減らせない、お別れできない、とお悩みです。そのような方にも、スムーズに物とお別れし、それぞれが望む快適に過ごせる空間の提案を促進するのが私の役割。しかし、物が

たくさんあるからといって、安易に「物を捨ててください」「捨てましょう」と言っても解決方法にはなりません。とはいえ、現実問題、物を減らさなければトランクルームでも借りない限り、解決策は皆無……。

そこで、以前から私が好きで実生活に取り入れていたプチ風水知識を踏まえ、レッスンを行い始めたところ、皆様、スムーズに物とお別れするではありませんか！

「物が減ると良い気が流れラッキーなことが起こるかもしれませんよ」
「3年以上着ていない服は死んでますよ」
「気に入らない物は気が入っていないので死んでますよ……」

皆様、**運が良くなるとわかれば、物への執着もどこへやら！** お別れする理由が「開運するため」ですから、あっと言う間に物とお別れ。

快適な住環境にシフトすると、レッスンを受講してくださった生徒さんに、次々と良いことが起こっていきました。就職、妊娠出産、臨時収入、くじに当選、懸賞に当選……。レッスンの回が進むにつれ、家が磨

かれるだけでなく、運も皆様もキラキラ生き生きと輝いていったのです。

このような状況を実際に目の当たりにし、風水ってすごい！　私の趣味程度の風水知識ではなく、もっとちゃんと勉強してきちんと伝えたい！　と思い、鑑定士の資格を取得しました。

最近は外部講座で開運収納のお話をさせていただく機会も増え、なぜか講座の受講者からは「さよさんの講座に行ったら良いことがある」とか「風邪が治った」とか「仕事が増えた」と言われ、パワーパーソンのように言っていただくことが大変増えました。しかし、それは私の力ではなく、**風水の力とそれを行った方の行動力**のお陰なのです。

難しいことは一切ありません。

要はやるかやらないか。

ズボラな私が実践していることですから、**どなたにもできることばかり**です。今からあなたも一緒に、家も運も磨いてみましょう！　日々の暮らしに幸せなことがもっと舞い込んでくるはずです。

さよさんの開運・整理収納術　目次

2　片づければ片づけるほど幸運とお金が舞いおりる

CHAPTER 1 家の中を片づけるとお金が貯まります

10　家を片づけるとお金が貯まります
12　風水は占いではなく、環境学です
14　「気」を大切にしましょう
16　「気」に入らないものは死んでいます
18　気の流れが止まると病気になります
20　お金持ちと貧乏、どちらのマインドで暮らす？
22　良い気をもたらす場所にするための4S
24　家をエネルギーチャージの場所にしましょう
26　アロマは空間を浄化させ
　　観葉植物は部屋の気を調整してくれます
28　コラム　運気アップにつながるプチ風水です

CHAPTER 2 金運が上がる物とお金とのつきあい方

30　見ているだけではダメ！
　　何か一つでも今スグ行動してみてください
32　物の量と幸せの量は反比例します
34　片づけると幸運になるスパイラル
36　物を大切にするのは
　　ため込むことではありません
38　3年以上着ていない服は死んでいます
41　お金に好かれる人になるには？
42　お金も流れを良くすることが大切
43　今日から「お金がない」と言わない
44　金運が上がる財布とは？
50　お札が戻りたくなる財布にしましょう

CHAPTER 3

家の場所別、金運が上がる片づけ方

52 家の中で、なぜ水回りが特に大切か

54 **玄関**

55 幸運の神様が入ってきたくなる玄関ですか？

56 朝起きてすぐに換気をしましょう

57 いつも玄関は明るくしましょう

58 玄関は毎日きれいをキープしましょう

59 晴れの日は傘立てをしまいましょう

60 三和土に靴を出しません

62 玄関に観葉植物や花を飾りましょう

63 鏡は左か右に置きます

64 良い香りで家の第一印象をアップしましょう

65 今、履く、現役の靴だけ厳選して持ちましょう

66 **寝室**

67 寝ている間に良い気を吸収しましょう

68 落ち着いた色のファブリックで寝ましょう

69 北枕で寝ると良い睡眠が得られます

70 夜と朝、気をつけること

71 寝姿を鏡に映さないようにしましょう

72 **トイレ**

73 モデルルームのような明るさと清潔さに

74 必ずトイレの蓋は閉めましょう

75 スリッパは必須、いつも清潔に

76 時計、カレンダー、本は置きません

77 トイレでは目的にあったことだけをしましょう

78 **浴室・洗面所**

79 浄化の場を整理整頓しましょう

80 洗面台は5割収納にしましょう

82 1日1回排水して清潔にキープ

84 シャンプーボトルは陶器が理想です

85 湯船には毎日浸かり、浄化しましょう

86 **キッチン**

87 「いつも清潔」が当然な状態にします

88 モデルルームのようなキッチンをキープする方法

90 冷蔵庫に紙を貼らない
92 ゴミ箱は蓋つきにしましょう
93 壊れている物を使いません

94 **リビング・ダイニング**
95 リッチな人の家のリビングをイメージしてください
96 床に物は置きません
97 家族全員が片づけるシステムに
100 電化製品の近くには植物を置きましょう

102 **子ども部屋**
103 子ども自身が整理整頓できるように
104 真っ白や真っ黒は避けましょう
105 増える子どもの思い出の物をどう整理するか
106 ベッド回りにたくさんぬいぐるみを置きません

CHAPTER 4

あとは今すぐ行動 幸運体質になる

108 運が良い人は運がずっと良い法則
109 運が良い人になるための5つの法則
118 運はお金で買えません
119 運トレしましょう ～運は動きます～
120 言葉は肯定語を使いましょう
122 魔法の言葉　ありがとう

124 おわりに

CHAPTER

1

家の中を片づけると
お金が貯まります

A tidy house attracts wealth.

家を片づけるとお金が貯まります

「家を片づけるとお金が貯まる」と知ると、誰でもやってみたくなるのではないでしょうか？　まずはお金持ちの人の家を思い浮かべてみてください。

床に物がたくさん置かれていたりソファやダイニングテーブルに服が掛けられていたり、部屋が物で溢れかえっているでしょうか？　厳選された物がきちんと美しくあることがほとんどです。多くのお金持ちの家は、片づいています。それは片づいているほうが、お金が貯まると実体験で知っているからでしょう。

逆に家の中が散らかっていたら金運が上がるどころか、無駄な出費のオンパレード!!　物で溢れかえる部屋の中から、必要な物をすぐに取り出すことができるでしょうか？　床に散乱した物につまずいて転び、怪我をするかもしれません。怪我をすれば治療費が必要になりますし、仮に仕事を休むことにでもなれば、収入が減少。何より物が多いと必要な物を探しまわる時間が無駄ですし、見つかるまでの不安、イライラはお薬では治りません。見つからなければ新たに買い足すことでさらなる出費が。

それに加え、探し物にかける時間は**「人生のロスタイム」**。その時間、ゆったり自分の時間を楽しむこともできたはずですし、仕事に集中することもできたはずです。必要な物が見つかるまでの精神的苦痛は、見つかるまで解決できません。結局見つからず、買い足した時に限って見つかるのは世の中の法則……。また不要な物が増え、家の中が散らかり無限ループ状態に。

家の中が乱雑では、お金が逃げていくことは間違いないとおわかりいただけたでしょうか。例えば整理整頓してストック品もしっかり把握することで、二度買いは防げますし、消費期限切れなど無駄な出費はなくせます。似たような洋服を何枚も持つこともなくなるでしょう。

あなたの自宅や職場の環境はどうですか？　居心地が良く、整った環境で過ごしているでしょうか？　お金が逃げないようにするだけでなく、お金が増えるように、まずは本書に沿って整理収納を始めましょう！

これからもっとリッチになる可能性を秘めている人

- 掃除が苦手
- 使っていない物がたくさんある
- ストック品が大量にある
- 床が物で溢れている
- ダイレクトメールやクーポンがたくさんある

これらを解消するだけで、金運はアップしますよ！

風水は占いではなく、環境学です

「風水」と聞くと、「占い」や「西に黄色い物を置く」という言葉を思い浮かべる方が多いのではないでしょうか？

確かに風水は占い的要素もありますが、本来は約4000年前に中国で発祥した「気」の力を利用した**環境学**です。

基本はとってもシンプル！**「生活環境を整える」**こと。「幸せになりたい！」「運が良くなりたい！」と願うなら、まずは自分自身にとって**「気持ち良い空間」で暮らすことが大切**です。

実際にお金持ちの人の家を見てみると、ご本人が意識していなくても、実は風水のルールにのっとっている家が、とても多いのです。風水の細かなルールを覚える

家が広い狭い、古い新しいではなく、きちんと片づいているだけで、気持ち良い空間になります。

必要はありません。「リッチな人の家だったらどうするだろう？」「自分がリッチだったら、これをするかな？」と楽しくイメージしてみてください。おのずと整えるべき家の姿が見えてきます。

私達人間は環境に馴染みやすい生き物ですから、整った部屋で過ごす日常は、快適で心地良くやる気がみなぎります。

もしその逆で、散らかった劣悪な部屋だったらどうでしょうか？　片づかないことに対するイライラ、モヤモヤで物事が上手く進まず、気持ちが滅入ります。

環境が変われば気持ちも考え方も変わりますし、考え方が変われば行動や習慣、性格、生き方までも変わります。

風水は**生活環境を整えて幸せを招く「環境学」**です。**「幸せになるための環境作り」**、まずはできることから始めてみませんか？

風水

↓

環境学という学問

↓

約4000年前に中国で発祥
「気」の力を利用した環境学

「気」を大切にしましょう

風水とは、約4000年前に中国で発祥した「気」の力を利用した環境学と述べましたが、「気」とは一体何なのでしょうか？

「気」がつく言葉は、実は身の回りにたくさんあります。あなたはいくつ思い出すことができますか？

元気、陽気、勇気、本気、根気、電気、天気、気分、気候……。

左ページ下の表以外にもまだまだありますが、これら全てに共通しているのは、**「存在するけれど、形としては目に見えない」**ということ。つまり、**「目に見えないが存在するエネルギー」**が「気」です。

その「気」は、良い気「生気《せいき》」と悪い気「邪気・殺気」があり、**「良い気＝生気」を家の中に取り入れると、運気がアップする**といわれています。

「目に見えない気を大切に！」と言われても、なかなかピンときませんし、存在しないものを信じる、信じないは自由です。

ただ、これだけたくさんの「気」のつく言葉が身近にあり、全て目に見えないけれど、私達は「なんとなく存在を感じる」ことができます。強気、勇気、元気、などというものの存在を全く信じていないというわけでなければ、知らず知らずのうちに「気」を感じているのです。

それならば試しに、『気』を大切にすることをやってみる価値はあると思いませんか？

嬉しいことに、「気」を大切にすることは無料です！

家がきれいになるだけでなく、ノーリスク、ハイリターンな開運術！

やり方は簡単！　次ページから具体的に実践してみましょう。

身の回りには気のつく言葉がたくさん！

人の状態 …… 元気・陽気・人気・色気・食い気

人の感情 …… 勇気・やる気・気楽・本気・覇気

自然現象 …… 空気・大気・気温・蒸気・気流

その他 …… 電気・景気・気配・運気・活気

目に見えないが存在するエネルギー

「気」に入らないものは死んでいます

家の中にある色々な物、その全てが「お気に入り」と言えますか？「気」とは**「目に見えないが存在するエネルギー」**です。

お気に入りの物には、文字どおり「気」が入っているので、エネルギーがあります。物も大切に使えば、良い気を発するといわれていますので、お気に入りの物は「良いエネルギーがある」つまり、**「生きている」**といえます。

そのようなお気に入りの物に囲まれた空間には、良い「気」が存在します。そしてその中に暮らしている人にもその影響が。

逆に、家の中が、**「気」に入らない物だらけ**だとどうでしょうか。気に入らない物は、気が入っていないので、エネルギーがない。ということは、「死んでいる物ばかり」ということになります。**気に入らないもの＝死んでいる物**を持てますか？ 毎日大切に使えますか？

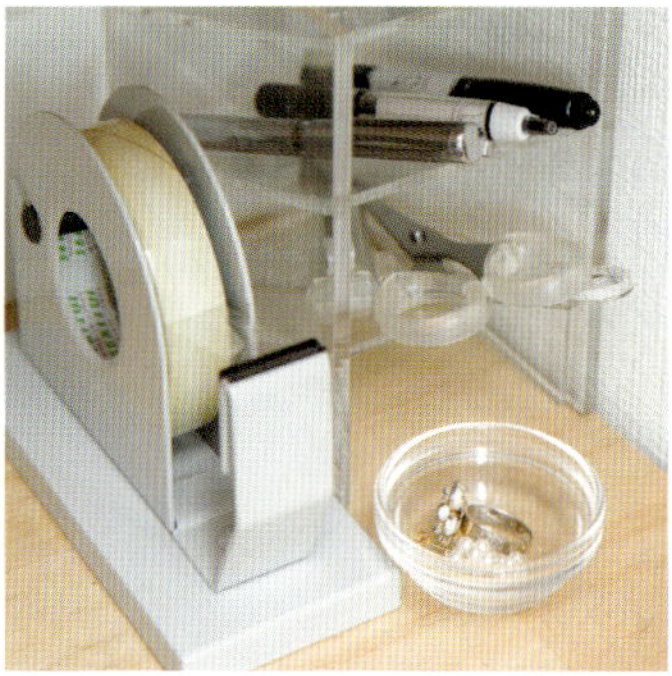

文房具一つをとっても、不要なものをたくさん持っていませんか？ 書けないペン、なんとなくもらってきたペンは今すぐお別れを。小さいところから始めましょう。厳選したペンを無印良品のアクリル小物ラックに入れて、取り出しやすく。

今、身の回りにある物を見回してみてください。処分に迷っている物があるなら、本当に気に入っているか？　これからも大切に使えるか？　よく考えて、要不要の判断をしましょう。家の中を物の墓場にしてはいけません。

まずは気に入らない物とお別れし、お気に入りの物だけの空間にしましょう。家の中の物だけでなく、自分の持ち物は、全てお気に入りにすべきです。

家を物の墓場にしない

気に入らない物には
使えるけど好みじゃないのよねー
「気」が入っていません
エネルギーがないので
死んでいるのと同じ状態
それが家に
え・・・いっぱいあるけどダメなの？
あるというコトは・・・
GIN
物の墓場で
きゃあー
なにこれコワイ！
暮らしてるのと一緒

気の流れが止まると病気になります

風水では「気」を大切にしますが、なかでもいちばん大切なのは気が流れること。良い気を家に入れるだけではなく、良い気を**流す**ことが重要だと考えられています。例えば、家の中に物がたくさんあると、良い気の入るスペースがなく、入ってくる良い気の量が減ります。**気の入る量が減るということは、幸せのエネルギー量が減る**ということ。

仮に良い気が入っても、家の中で物に阻まれてストップしてしまい、気が流れません。気の流れが止まると、邪気が滞り、空気が悪くなり、気分も悪くなり、病気になる……負のスパイラルです。

良い気が流れるようにするには、まずは**整理収納で住環境を整えることが大切。自宅をパワースポットにするのは簡単**なことです。

1 **お気に入りだけに厳選する**

2 **気が流れるようにする**

ただこれだけです。

無印良品のアルミ洗濯用ハンガーで統一しています。

レッスン生に驚かれる洋服の少なさ。でも全部お気に入りで今すぐ着られる服だと自信を持って言えるものばかり。

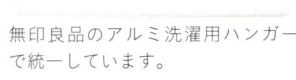

家の中が物でいっぱいになっていると

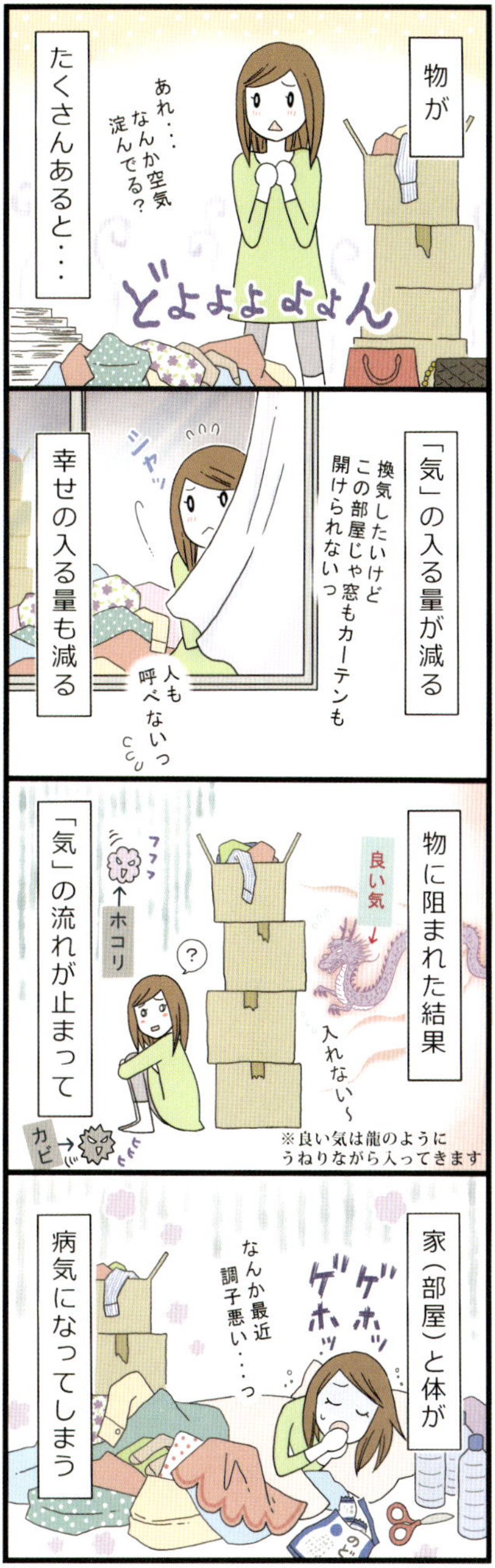

家の中がお気に入りの物だけで、片づいていると

お金持ちと貧乏、どちらのマインドで暮らす？

あなたはどちらのタイプでしょうか？
今後、使用するかどうかわからない物が出てきた時、

A 「今度使うかも？」↓ 物とお別れできないタイプ
B 「使う時にまた買えばいい！」↓ 物とお別れできるタイプ

A、Bどちらのマインドで生きても自由なのですが、Aのタイプは、物に支配される側で、家は物で溢れてしまいます。Bのタイプは物を支配する側で、今気に入って使うものだけに厳選されたすっきりした家になっているでしょう。Aを選んだあなたは、プアマインド、Bを選んだあなたはリッチマインドです。

本当にリッチかどうかは関係ありません。マインドつまり、心の持ちようです。厳選された物だけに囲まれて気持ちのいいリッチマインドであなたも暮らしてみませんか。

「今」を大事に。「いつか」はやってきません！

プアマインドに陥りやすい最大の原因は「今度使うかもしれないから」という思い。将来、使うかどうかわからない未来のために、現在の生活を居心地悪くしていることこそもったいない。仮に未来に使うことになったとしても、それは物を見極めることができなかった「授業料」と割り切りましょう。次からは失敗しないはずです。

リッチマインドの人

プアマインドの人

良い気をもたらす場所にするための4S

では、実際、家の中を良い気をもたらす場所にするにはどうしたらいいのでしょうか？

答えはシンプル！

整理 Seiri、整頓 Seiton、清潔 Seiketsu です。

そしてこの3つを続ける**習慣 Shukan** だけ！

本や雑誌、テレビの整理収納特集を見て、一時的な片づけマイブームで家をきれいにしたとしても、しばらくして元に戻ってしまったのでは意味がありません。きれいをキープする**習慣**が大切なのです。

厳密にいえば風水グッズや、方位、色などを用い、開運するための方法は実はたくさんあります。でも、**基本は良い気を取り入れ、流すこと**。

乱雑な家、片づいていない家の中に風水グッズを置いたとしたら……？　物が増えたことによってさらに気の流れが悪くなるのは確かです。

風水はお金がかかりません！　グッズなどに頼るのではなく、基本は整理、整頓、清潔、それを続ける習慣を身につけることが先決です！

4つのSが大切

Seiri
整理

Seiton
整頓

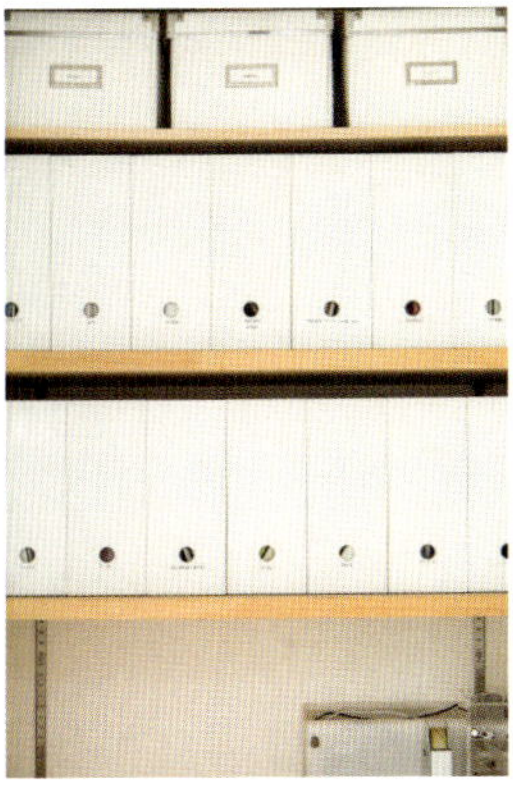

Seiketsu
清潔

↓

Shukan
習慣

↓

家に良い気が流れる

家をエネルギーチャージの場所にしましょう

家の中には良い気と悪い気（邪気）が入ってきます。

しかし、良い気なのか？　悪い気なのか？　目に見えないので判断することができません。悪い気（邪気）は、部屋の隅にたまると言われているので、掃除で邪気を拭い去ることが大切です。

残念ながら、掃除したからといって開運はしません。掃除は邪気を拭い去るための手段であり、悪いことが起きないための予防です。邪気は目に見えないからこそ、予防が必要！　私は掃除嫌いですが、**「掃除は幸せのマーキング！」**と自分に言い聞かせ、きれいをキープする習慣にしています。

造花（アーティフィシャルフラワー）を飾ってみましょう

生花を常に飾るのが負担でしたら、造花を置いてみましょう。最近はこだわって作られた造花がたくさんあります。我が家に一番多くあるのはエミリオ・ロバ（EMILIO ROBBA）、その次がプリマ（PRIMA）。共に大手デパートで購入できます。写真のリースは大阪のアトリエ・フルール（AtelierFleur）さんにオーダーしたもの。希望の色やサイズに合わせて作ってくれます。

部屋の隅に家具がある場合は、ホコリがたまらないよう常に清潔にしておくこと。掃除は邪気がたまらないようにする予防ですが、他にもいくつかあります。部屋の隅に、**フロアライトを置く、キャンドルを灯す、お香・アロマをたく、観葉植物を置く**などです。これらを置くことで、気が流れ、気の停滞を防ぎます。

生花は開運アイテム

元気な生花は生気をもたらしてくれます。ブーケじゃなくても一輪だっていいんですよ。

植物が元気なのは気が良い証拠

暗い洗面所も、観葉植物があるだけで明るい気持ちに。暗い場所でも育つ植物はたくさんあります。アイビーは、強くておすすめ。この一枝も、鉢植えのものが伸びすぎて、切ってキャンドルホルダーに挿したものです。

アロマは空間を浄化させ観葉植物は部屋の気を調整してくれます

邪気は明るい所にはたまらないので、ライトを置くことで予防できます。キャンドルは気を活性化させるアイテム。邪気の停滞を防ぎます。

お香は場を清め、浄化してくれます。場の浄化作用があるお香は開運グッズの一つと言っても過言ではありません。部屋を掃除した後、浄化の仕上げとしてお香をたきましょう。お香やアロマは空間の浄化だけでなく、良い香りを嗅ぐことで私達の脳にも良い刺激を与えます。我が家では、玄関でアロマやお香を楽しんでいます。やはり部屋にいい香りが漂うのは好評で、レッスン生の中には同じ製品を購入される方が多くいます。

上品な香りが漂う京都のlisn（リスン）

お香は京都のlisn（リスン）を愛用。香りを試したいので私は店舗で購入しますが、ネット販売もあります。lisn以外にも、お香をどこで買えるか、よく尋ねられますが、大手デパートや、無印良品などで手軽に購入できます。

観葉植物は「邪気」を吸収し部屋の気を調整する効果があります。

「この場所に置くと必ず枯れてしまう」という観葉植物はありませんか？　もしかすると植物が邪気を吸収し、枯れてしまったのかもしれません。植物は人間と違って弱いので気の影響を受けやすいため、良い気の場所に置けばすくすく育ち、悪い気があればそれを吸い取って枯れてしまいます。枯れてしまった場合、そのままにしておかず、「悪い気を吸い取ってくれてありがとう」と感謝を込めてなるべく早く処分し、新しい観葉植物を置きましょう。

いつも枯れる場合、「大切に育てたい」「今度こそ枯らさないように」との強い思いから、水をやりすぎている可能性もありますので、買う時にお花屋さんに育て方を教えてもらうことも大切です。

ランプベルジェのアロマランプ

アロマランプはフランスのランプベルジェのもの。中の芯を取り替えると何年も使えます。香りはヴァーベナと決めているので、アロマはネットで購入しています。お客様に好評でよく銘柄を尋ねられます。

COLUMN

運を上げるちょっとした習慣

運気アップにつながるプチ風水です

私が日ごろ行っている、幸運になるためのプチ風水です。
小さなことでも、やらないよりやってみるほうが、幸せへの第一歩ですよね。

キラキラした物を持つ

キラキラ輝く物は邪気を跳ね返してくれると言われていますので、スワロフスキーなどのキラキラ光る物を身につけるようにしています。

レジの前にある募金箱には必ず入れる

大金は寄付できませんが、コインケースに入っている小銭なら募金箱を見つける度に入れることができます。

ダメージ加工の服は着ない

部屋同様、身なりも小綺麗にしましょう。ダメージ加工の衣類はファッションとして浸透していますがわざとじゃなくても、破れた服は「壊れている物」とみなし、運気を下げる原因に。見た目の美しさは、部屋同様とても大切です。

新スポットにはなるべく早く行く

新しくオープンした話題の場所にはなるべく早く行くようにします。人が多く集まるので活気があり、その気を受けることができます。人が落ち着いてからでは遅いのです。

身につける物、シルバーかゴールドなら、ゴールドを選ぶ

本物の金に越したことはありませんが、あくまでも色です。「ゴールド＝ゴール」、単なる語感が似ているだけですが、持っているだけで自分の目標に近づける感じがしますし、リッチな人はゴールドを身につける法則があるそうです。

CHAPTER

2

金運が上がる物とお金とのつきあい方

Items that attract wealth
and how to deal with money.

見ているだけではダメ！何か一つでも今スグ行動してみてください

「さよさんの講座に行ったら良いことがある」と受講生の皆様から言われます。これには、理由があります。それは私が皆様に次のお願いをするから。

「今日の講座、『面白かった！』で終わらず、**何か一つでもできることを必ずしてください**」と。

自宅以外での講座では、「これとこれは誰でもできるので、やってみてくださいね！」とお願いします。皆様にできそうなこと、やることを宣言していただいたり、挙手していただき、動機づけをしています。

自宅レッスンでは事前に宿題がありますし、収納グッズのお土産があるので、皆様、必ず何かしら行動を起こされます。

折角、受講料をお支払いいただいているのに、何も結果を出さず、ただ聞いて帰るだけなんて、もったいないとは思いませんか？　**知っていても行動しなければ知らないのと同じことです！**

難しいことは何もありません。**行動するかしないか決めるのはあなた次第。**

行動しなければ今のまま、何も変わりません。本書に記載のことでもいい、それ以外のことでもいい、ご自身が「いいな」「やりたいな」「面白そう！」とワクワクすることや、気になったことは一つでもいいので、ぜひやってみてください。行動することで人生が格段に変わります！

あるレッスン生は、職場の整理収納を率先したことで重宝がられて信頼を得て、アルバイトから正社員になりました。普段掃除をしないご主人が自室を掃除したら、クジ（ミニビッグ）で１００万円当選！　奥様も当選しました。

家の中の整理収納に励んだら、ご主人が経営する会社が創業以来最高の業績を残した、とびっくりするほどいいことが起こっています。

これを信じられるか。まずは一つ行動してから、判断いただいても遅くはありませんよね。

物の量と幸せの量は反比例します

「物を整理したら空きスペースが増えました。そこには何を入れたらいいですか？」

講座でよくある質問です。

「何も入れないでください！　そこには幸せが入りますから！」

とお答えすると皆様、キョトンとされます。

物の量と幸せの量は反比例です。物が減れば減っただけ、そのスペースには良い気がたくさん流れるので、たくさん幸せが入ってきます。空きスペースが増えれば増えるだけ、幸せが入るシステムだと知れば、空きスペースを増やしたくなりませんか？　スペースを埋めなければいけない強迫観念にかられてしまうのは、「貧乏性」という病気です。

パズルのように物をぎっちり詰め込む収納術は、昭和の収納術！　21世紀の収納術は本当に必要かつ、お気に入りの物だけを収めます。

本当に欲しい物に出会ったら、それらを収めることができるように、**スペースはできるだけ空けておきましょう**。

空間の余裕は、心の余裕ともつながっています。

必要な物が一目でわかる5割収納

忙しい朝、使いたい物がすぐに取り出せるように、洗面所の鏡裏には必要最低限の物しか収納しません。掃除もしやすく便利です。

とっさの時にも困らない避難所空間

物の詰めすぎは、良い気が流れません。我が家のリビングの収納棚の下には、空きスペースを作っています。棚だからといって、そこに必ず物を詰め込む必要はないのです。

片づけると幸運になるスパイラル

片づかない家の特徴は、「**物が多い**」。これに尽きます。

いつのまにか家の中に入ってきた物、昔からずっとそこにある物も含め、なんとなく適当な物に囲まれた暮らしをしているので、使いづらさを感じ、目新しい物や、便利グッズ等に出会うと、ついつい欲しくなり無駄な出費をしてしまい、また物が増えます。それらは吟味されず、適当に選ばれた物なので、やっぱりなんとなく使いづらく、買い替えたくなり、またもや出費……。負のスパイラルから抜け出すことができません。

一方、片づいている家は、厳選された物だけですので、全てがお気に入りで心地良い暮らしをしているため、目新しい物に出会ったとしても、欲しくなることはなく、無駄遣いもないのでお金が貯まる……。幸せがずっと続きます。

負のスパイラルに陥っているなら、今すぐ、お気に入りの物に囲まれた生活にシフトしてみましょう。意識を変えるだけで必ず抜け出せます。まずはお気に入りの物を選ぶ作業から始めましょう！

幸せのスパイラル

厳選された物
だけの暮らし
心地良い
無駄遣いしない
出費がない
お金が貯まる

負のスパイラル

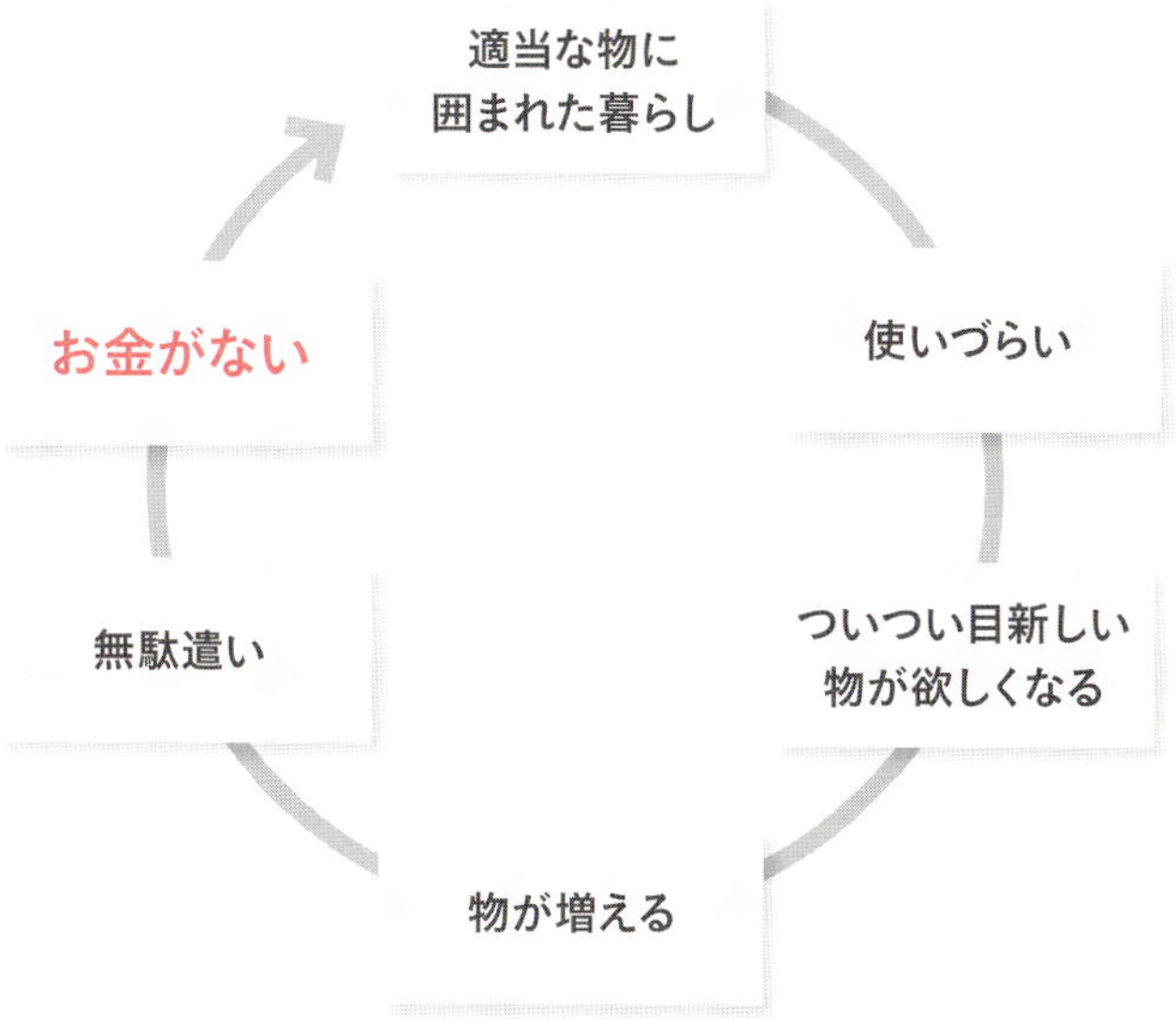
適当な物に
囲まれた暮らし
使いづらい
ついつい目新しい
物が欲しくなる
物が増える
無駄遣い
お金がない

物を大切にするのはため込むことではありません

100円ショップやインターネットショッピングの普及に伴い、一人が持つ物の数が急激に増え、物の管理が難しい時代になりました。

たくさんの物、その全てを維持管理するのは難しく、ましてや使いこなすとなると至難の業です。

「物を大切にすること」は、物を眠らせず、使いこなすこと！「もったいないから……」と使わないことではありませんし、ため込むことでもありません。

物は使ってこそ、価値があります。お気に入りの物こそ取っておかず、ぜひ使ってください。欲をいうなら日々、使いこなしましょう。

お気に入りの物を使うと気分が上がります。気分が上がるということは気が上がり、エネルギーもアップ！「いつか使おう」、「来客の時使おう」とする行為は、ご自身の幸せの先延ばしです。

日々、それらを使って、**自分自身を幸せにしてください。**それが本当に物を大切にしているということなのです。

物をため込まない

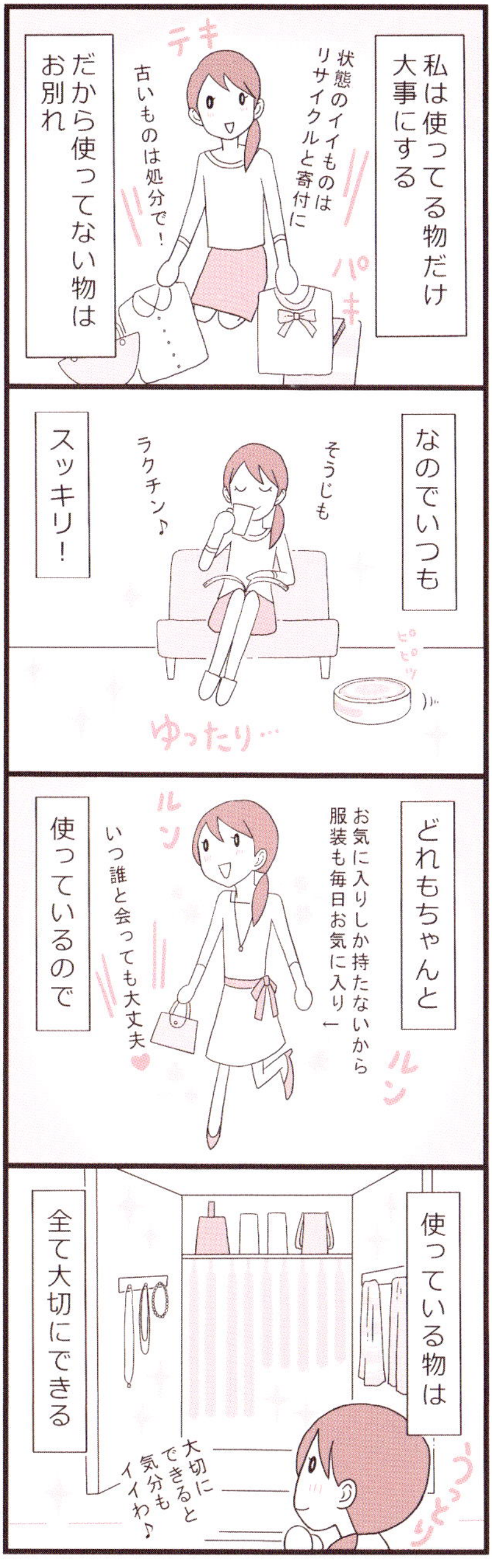
私は使ってる物だけ大事にする
状態のイイものはリサイクルと寄付に
テキ
古いものは処分で!
パキ
だから使ってない物はお別れ
なのでいつも
そうじもラクチン♪
ピピッ
ゆったり…
スッキリ!
どれもちゃんと
お気に入りしか持たないから服装も毎日お気に入り↑
ルン
ルン
いつ誰と会っても大丈夫♥
使っているので
使っている物は
うっとり
大切にできると気分もイイわ♪
全て大切にできる

物をため込む

私は物を大事にしている
ぎゅううう
だってどれも高かったし思い出もいっぱいだし!
だからお別れしない!
なのでいつも
狭い…
のそ
動きにくい…
のそ
ゴッチャゴチャ
使ってない物が
あれー? どこ行ったんだろう?
ってなんかいっつも探し物してるなー私…
ガサ
ゴソ
たくさんだと
使ってる物すら
ポッキリ
あーお気に入りのサングラス踏んでたー
買ったばかりなのにぃ
大切にできない

3年以上着ていない服は死んでいます

いつか着るかもしれない服、痩せたら着る服、値段が高かったため、着ていないけれど残している服……。今日、明日、着る服以外に、このような着ていない服（マタニティウェア、セレモニーの服は除く）がクローゼットの中に交じっていないでしょうか？

3年以上着ていない服は死んでいます。３年着ていない理由は何ですか？

理由はさまざまだと思いますが、根本的には「気に入っていない」から「着ていない」のではないでしょうか？　そのような服があれば、即、クローゼットから出しましょう。

気に入っていない ＝ 気が入っていない ＝ エネルギーがない → 死んでいる服

クローゼットを洋服の墓場にしてはいけません。

また、布はご縁を意味します。ご縁は恋愛だけではなく、交友関係や、仕事関係、受験

（学校との縁）、就活（会社との縁）等、生きていく上で必要不可欠です。着ていない服がたくさんあるということは、ご縁を遠ざけることも意味します。布は衣類だけではありません。使っていないテーブルクロス、ランチョンマット、昔の家のカーテン、ラグ……。
家中の布の総点検をしてみましょう。

運気を下げる衣類

・3年以上着ていない服
・ヨレヨレの服
・毛玉だらけのセーターやタイツ
・襟ぐりが伸びたTシャツ
・穴の空いた靴下

〝貧乏臭い〟は貧乏を呼びます。即、処分しましょう！

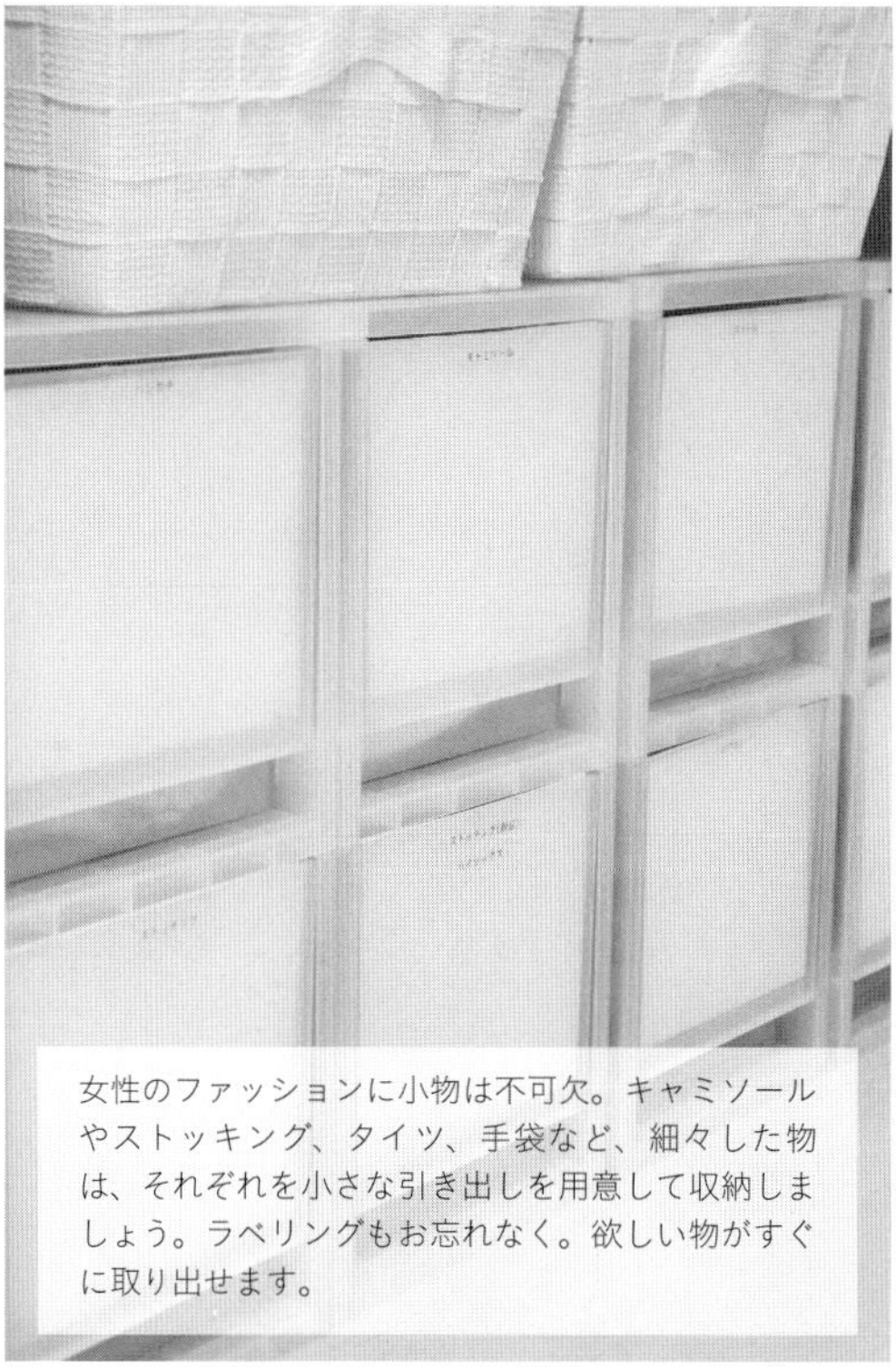

女性のファッションに小物は不可欠。キャミソールやストッキング、タイツ、手袋など、細々した物は、それぞれを小さな引き出しを用意して収納しましょう。ラベリングもお忘れなく。欲しい物がすぐに取り出せます。

一度着た衣類は、洗濯した物と一緒にしまいたくないもの。それらの一時置き場は、小さなカゴに入れ、洗濯日を決めてその日まで保管しましょう。

お金に好かれる人になるには？

あなたはお金に好かれる人ですか？

「金は天下の回りもの」という言葉があるように、お金は、一か所にばかりとどまっている物ではなく、世間を回って動く物ですから、循環させることがとても大切です。

良い人には、良いご縁が巡ってくるように、**お金も人から喜ばれることをすることで、また自分に巡ってきます**。

仕事で相手から喜ばれることがダイレクトにお金につながりますが、仕事をしていなくても、電車で席を譲る、運転中割り込んでくる車を入れてあげるなど、日常生活のちょっとした行動で、人から喜ばれることがあるのではないでしょうか。

縁＝円です。ご縁を大切にしながらお金を循環させ、お金に好かれる人になりましょう。

私事で恐縮ですが、私は今の仕事でチラシをポスティングしたり、名刺を配り歩いたりするなどの「営業活動」をしたことがありません。自宅レッスンの募集はしますが、イベントや外部での講座は、90％レッスンに参加してくださった方のご紹介。ご縁がつながり、現在は収入の糧となっています。良い縁は、さらに良い縁となってつながり回っています。

お金も流れを良くすることが大切

「気」の流れが止まると家や体の病気になるように、お金も同様、お金の流れを止めると、お金の病気になります。

「お金がない」のは、ズバリ、お金の病気です。

循環させないと病気になってしまいます。ですがご安心ください。病気は治せます！

正しいお金の使い方をすれば大丈夫！

〈正しいお金の使い方〉

・**買い物**：自分自身の心が豊かになる買い物、人に喜ばれる買い物（無駄遣いは浪費です。これはNG）

・**自己投資**：資格取得は収入の元になるかもしれませんし、習い事は、世界や知識が広がり心が豊かな生活になります

・**寄付**：知らない誰かのために使う行為は徳を積みます

今日から「お金がない」と言わない

「お金がない」という言葉を使うのは、止めましょう。実際に無一文なわけではなく、「無駄遣いするお金がない」の意味で、この言葉を使いがち。私も実際そうでした！

言葉はとても大切。「お金がない」と言えば言うほど、「本当にお金がないのだ」と、脳が錯覚し、それを事実として受け止めてしまいます。言葉通りに認識され、お金が逃げていく状態を自ら生んでしまいます。

「子どもに、おもちゃやお菓子をねだられると『買わない』という意味で、『お金がないから』と言ってしまう」と相談されたことがあります。これは「おもちゃやお菓子を買う**無駄なお金がない**」という状況ですよね。ならば**「○○を買うのは無駄遣いなので今日は我慢しようね」**と、正確に伝えてあげてください。

私自身は幼い頃、親に「お金がない」と言われてきたため「お金がない」と言葉に出すのは普通のことだと思っていました。これは人生における大変な損失です！　今はできるだけ言わないようにしています。現在「お金がない」と口から出そうになる時は、**「お金持ちになりつつある」**と変換してから発するようにしています。

金運が上がる財布とは？

まずは今使っている財布をチェックしてみましょう！

1 □ 長財布を使用している
2 □ 濃い色の財布
3 □ お札は全て新札（折り目のないお札ではなく、銀行で両替したお札）
4 □ お札と一緒にポイントカードやクーポンを入れていない
5 □ お札と小銭は別に持つ
6 □ お札は下向きに入れる（頭が下）
7 □ 高額紙幣ほど奥に入れる
8 □ レシートは毎日出す

あなたは何個チェックを入れることができましたか？　全てチェックを入れられた財布こそ、もっとも金運が上がる財布です。一つずつ解説していきます。

check

1 長財布を使用している

「お札を曲げるとお札が窮屈ですぐ出て行くから長財布が良い」など、長財布が金運に良いとされる理由は所説ありますが、「お札の向きを簡単に揃えられるので残高がわかりやすい、お札を丁寧に扱える」などの機能的な面からみても、良いとされます。また、財布の中が整理整頓されると無駄な出費もなくなるので金運アップにつながります。

check

2 濃い色の財布

濃い色の財布はお金をため込む力があると言われています。財布の色には諸説あるので、「どの色がベストなのか？」は悩むところですが、いちばん大切なのは自分が気に入って大切に使っていること。気に入らない物は「気」が入っていないので、死んでいます（P16）。色よりも、大事に丁寧に扱う気持ちがもっとも大切です。

check

3 お札は全て新札に（銀行で両替したお札）

お札にはさまざまな人のエネルギー（念）が込められて自分の所にやってきます。お札は喋らないので良いエネルギーかそうでないかはわからない！　銀行で両替した新札なら、そのような心配はありませんよね。また、お釣りで古いお札を貰わないように1万円札に両替しないこともポイントの一つ。千円札と5千円札に両替し、支払いは千円と5千円を組み合わせると、お釣りは必ず小銭になります。

何より財布の中が新札だけだと気持ちが良いです。丁寧に使おうとする気持ちもプラスされ、無駄な出費が減ることもあるかもしれませんので一石二鳥の効果です。

check

4 お札と一緒にポイントカードやクーポンを入れていない

ポイントカードはよく行くお店以外、作りません。ポイントを貯めるために無駄な物を買ってしまうのは本末転倒！　ポイントカード＝出費の証とならないよう、まずはカードの厳選を。スーパーのポイントカードは小銭入れに入れています（P49参照）。

check
5 お札と小銭は別に持つ

風水の陰陽五行では「金気」は小銭、「木気」は「お札」で、相剋《そうこく》の関係にあります（P53の図参照）。金気である金属製の斧や鋸《のこぎり》（小銭）は、木気である木（お札）を傷つけ、切り倒すので、同じ財布に入れておくと、小銭が勝ってお札が減り出費が増えるとのいわれがあります。

「レジで財布二つ持って面倒じゃないですか？」とよく質問されますが、面倒じゃないですよ。お札のお釣りが来ないように千円札と5千円札で支払うので、お釣りがあるとすれば小銭オンリー。お札を出した後、すぐにバッグに戻せば問題ありません。

check
6 お札は下向きに入れる（頭が下）

諸説ありますが、お札に描かれている肖像画の頭を下向きに入れることで、お金が出て行かない＝お金が貯まると考えられています。

4、5、6、7、8は、今すぐできる財布の整理。「後でやろう！」と思わず、今すぐやってみることが金運アップ近道です！

check

7 高額紙幣ほど奥に入れる

手前から千円、５千円、１万円と、券種を揃えて入れることで、いくら入っているかわかりすく、出しやすいメリットが。いくら入っているかわからない程、乱雑に入れるということは、お札を大切にしていない証拠です。お札の中もグルーピングは大切です。

check

8 レシートは毎日出す

帰宅したら、財布からレシートを取り出しましょう。家計簿を後日つける場合も財布から出してまとめて保管。「財布はお札のベッド」だとイメージしてみてください。ご自身がお札になった気分で、お札の中で寝ている時、上からレシートやクーポンが乗っかってきたらどうでしょう、苦しくてそこから出たくなりませんか？　お札が安眠できる財布の中の環境作りが大切です。私は毎日財布からレシートを出すのが面倒なので、財布には入れず、袱紗《ふくさ》やブックマーカーに挟んでバッグに入れています。袱紗はレシートや領収書が折れ曲がらないのでとても便利です。

左ページのベージュのカルトナージュの袱紗は神戸のFabrikoさんにオーダーした物。希望のサイズ、布に合わせて作ってくれます

長財布の中に入れているもの

お札、クレジットカード、キャッシュカード、商品券、免許証（健康保険証は家で保管）
※クレジットカードやキャッシュカードはメインで使用するものだけにしましょう。使っていないカードでパンパンなメタボな財布は金運が遠のきます。

レシートは、財布に入れません。上の写真の銀のクリップに留めるか、袱紗に入れています。

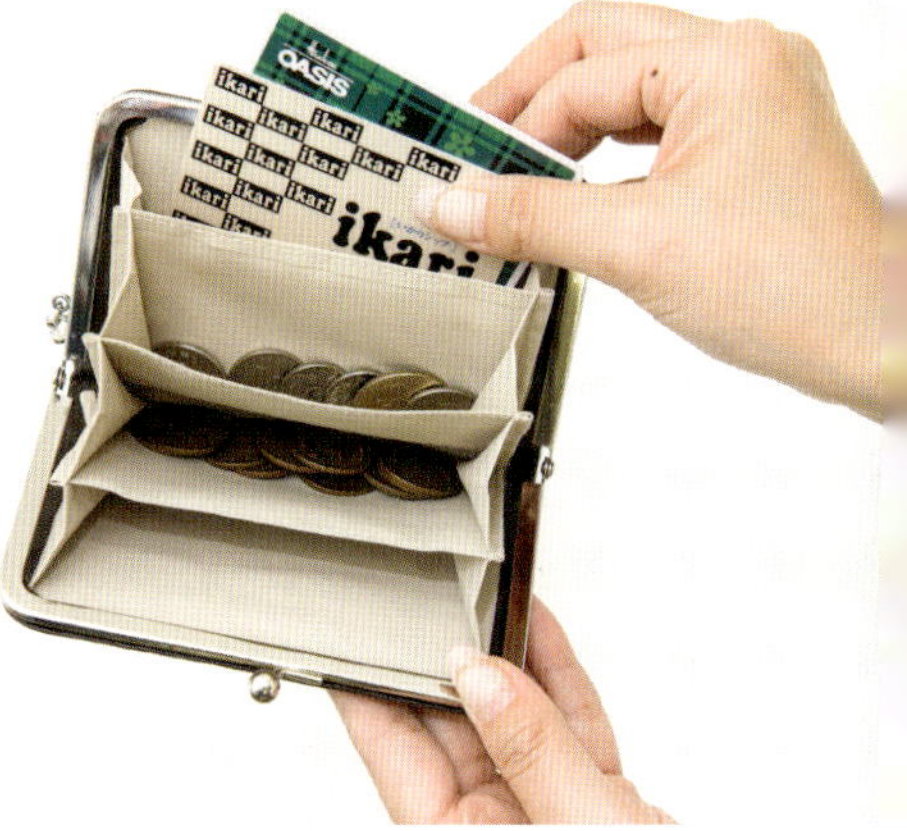

小銭入れの中に入れているもの

小銭、ポイントカード、クーポン（ある時）
※診察券や美容院などのカード類は、毎日行くのであれば入れてＯＫ。たまにしか行かないのであれば家で保管を。持ち歩きも軽くて便利ですよ。

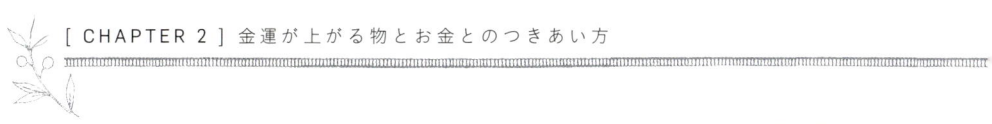

お札が戻りたくなる財布にしましょう

突然ですが、お札に描かれている図柄、ご存じですか？　日本で発行されているお札には、福沢諭吉（1万円札）、樋口一葉（5千円札）、野口英世（千円札）、全て人物が描かれています。お金は大事です！　まずはきちんと眺めてみましょう。お札も人のように大切に扱うと、**大切にしてくれる人の所、丁寧に扱ってくれる人の所に、積極的に戻ろうとしてくれる**と私は思っています。ですので、支払いする時は渋らず「いってらっしゃい！」と気持ち良く送り出すこと。そうすれば、「ただいま！」と気持ち良く戻ってくるはずです。そして、お札の居心地が良いように、財布の中はきれいに！　**お札が帰ってきたくなる環境作りをすることが大切。**メタボな財布には帰りづらいですよね。

新札でレジでお支払いした際、多めに払いすぎてしまったレッスン生がいました。本人は気づかず帰宅しようとした所、お店の人が追いかけてきて「多く貰いすぎていました」と返してくれたそうです。私も人にお金を渡す時、間違って多く渡してしまった際、後日「多かったので」と返金していただいたことがありました。お金は大切にしてくれる場所に戻りたくなるようですよ。

CHAPTER

3

家の場所別、金運が上がる片づけ方

How to clean in order to attract wealth.

□ Entrance　□ Bedroom　□ Restroom　□ Bath & Washroom

□ Kitchen　□ Living & Dining　□ Children's room

家の中で、なぜ水回りが特に大切か

住まいの中に良い「気」を通すために重要な順はこちらです。

まず**「気」の入り口である玄関**、そして**寝室**、**トイレ**、**浴室**、**キッチン**、**リビング・ダイニング**、**子ども部屋**の順。

トイレ、浴室、キッチンの水回りは金運と直結しているので、特に清潔にしたい場所です。全てを一気に整理できないという方は、大切な順から始めてみましょう。

なぜ水回りが金運と関連があるかについては、左ページの陰陽五行の図をご覧になってください。

「陰陽五行説」とは、自然界に存在する全てのものには「木・火・土・金・水」の5つの気があり、「陰」「陽」いずれかの性質を持つという古代中国で生まれた考え方です。東洋医学の源にもなっています。

五行にはお互いが相乗効果で良い相性を生む「相生《そうじょう》」と、お互いに力を弱め合う「相剋《そうこく》」があります。

太陰大極図

森羅万象、全てのものが陰と陽の要素によって成り立っており、陽の中にも陰があり、陰の中にも陽があり、全て陽、全て陰というものはないという考え方。

相生は相性の良い組み合わせ、相剋は相性が悪い組み合わせとされますが、相生と相剋は陽と陰の関係であり、両者が存在してこそバランスが成り立ちます。

五行では、金は水と交わることで増え、水は木を育てます。つまり、金を増やすために水は大切で、木（木の気＝お札）を育てるためにも、水はきれいでなければいけません。そのため、水回りをきれいにしなければ、金運がダウンしてしまいます。

次ページから、家の場所ごとに開運するためのポイントと方法を、具体的にお伝えしていきます。

五行相関図

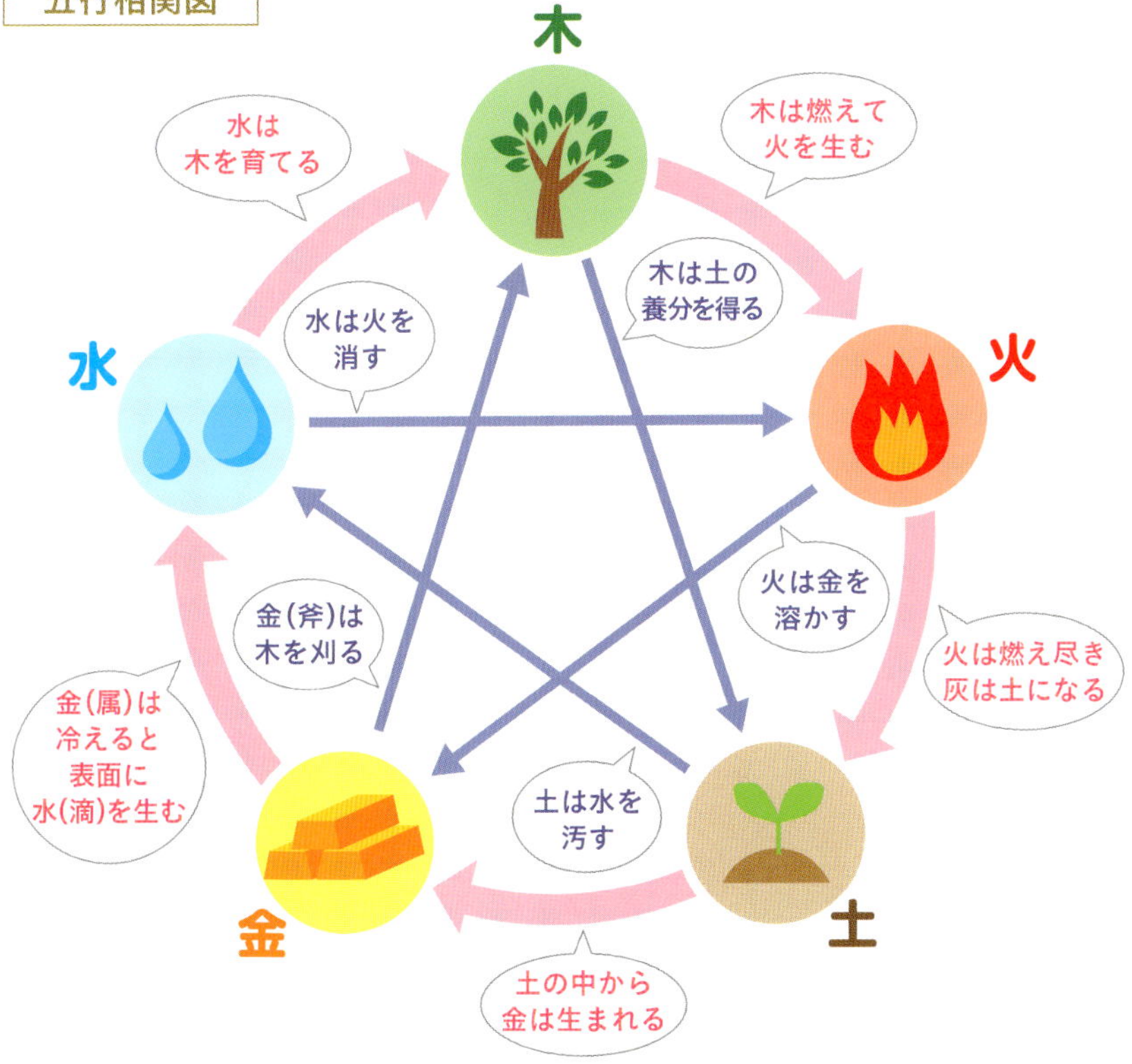
木
火
土
金
水
木は燃えて火を生む
火は燃え尽き灰は土になる
土の中から金は生まれる
金(属)は冷えると表面に水(滴)を生む
水は木を育てる
木は土の養分を得る
土は水を汚す
水は火を消す
火は金を溶かす
金(斧)は木を刈る

玄関

Entra

片づけると〃社会運〃が良くなります

幸運の神様が入ってきたくなる玄関ですか？

玄関は**「家の顔」**であり、**「気」が入ってくる**重要な場所です。玄関に不要な物がたくさん置かれていれば、物に阻まれて、家の中に入ってくる気の量は格段に減ります。

あなたが幸福の神様だったらどうでしょう？

きれいな玄関と、汚れた玄関、どちらに入りたいですか？　神様にも選ぶ権利はあります。目指すイメージは、**幸福の神様が入りたくなるような清潔で明るい玄関**です。

例えばこのような状態の玄関になっていませんか？

- **嫌な臭いがする**
- **三和土《たたき》にたくさん靴が出ている**
- **自転車、ゴルフバッグ、子どもの遊び道具が置いてある**
- **段ボール箱、新聞、雑誌が置いてある**
- **晴れた日に傘や傘立てが出しっぱなしになっている**

きれいな玄関になれば、これらを置きたくない気持ちになり、きれいをキープできます。

その気持ちになるように、まずは物を取り除くことから始めましょう。

朝起きてすぐに換気をしましょう

「早起きは三文の徳」という言葉があるように、風水では早寝早起きが良いとされています。そして、**朝、5分で良いので玄関のドアを開け、換気**をしましょう。難しいことはありません。風水ではとても大切にする行為。

換気の最適時間帯は、**朝5~7時**の間。前日、家に入ってきた気には、良い気もあれば、悪い気があるかもしれません。悪い気を家から出すこと、**良い気を循環させることが大切**なので、玄関を開けるだけでなく、気が流れるよう、もう一つ、窓（戸）を開けるようにします。

早起きは三文の徳

幸運体質になるには、早寝早起きが鉄則。朝は良い気が流れていますので、良い気と太陽光を浴びるだけで脳も活性化され「今日も頑張ろう！」とやる気がみなぎります。

空気の入れ替えという軽い気持ちでスタートしてみてください。気持ち良い朝を迎えられるとともに、ラッキーも呼び込むことができて一石二鳥です。

いつも玄関は明るくしましょう

玄関は清潔さと明るさが重要です。ですが住宅事情によっては、窓のない玄関もあり明るさをキープするのは難しい場合も……。暗い電球は取り替えて、太陽光に近い色に。LEDライトは電気代の節約にもなります。フットライトや間接照明もおすすめです。

照明以外だと、明るい色の玄関マットを敷くなどして、色からも玄関に明るさをもたらしましょう。玄関マットは、外から持ち込んだ悪い気を払い落とす役割があります。できれば敷くことが理想ですが、不潔なマットは厳禁。定期的に洗ったり、日光消毒をしたりして、常に清潔に！

玄関は毎日きれいをキープしましょう

幸せの神様が入りたくなるような玄関にするため、玄関の三和土に砂ボコリや泥汚れは厳禁！理想は毎日三和土を拭くこと。

雑巾などで拭くのも良いですが、１００円ショップの使い捨てウェットシートでも十分です。使ったらその都度ゴミ箱へ。雑巾を洗わなくてもいいだけで、掃除する気になります。要は、毎日手軽にきれいをキープできること。

我が家は、頻繁に三和土を掃除するので、昨年度使用していた少し厚手のバスタオルやタオルをカットして、使い捨てお掃除シートにしています。

きれいをキープするには簡単であることが鉄則！

床掃除は使い捨てできる物だと手間もかからず、気軽に掃除できます。手強い泥汚れは、100円ショップの霧吹きに入れた水でゆるめてから拭き取ります。玄関近くの棚に常備して、気づいた時にさっと手に取れるようにしています。

晴れの日は傘立てをしまいましょう

「出しやすいから」という理由で、ついつい玄関に物を出しっぱなしにしていませんか？

玄関は物置ではありません。良い気がたくさん入る玄関にするためにも、できるだけ物を置かないことが理想です。傘立ては雨の日に出し、晴れの日は下駄箱にしまえるようなコンパクトな物にすれば、出しっぱなしになりません。壊れた傘があるなら修理か処分、使っていない傘がたくさんあるなら厳選を。憂鬱な雨の日の気分を上げるためにも「この傘をさせるから嬉しい！」と思えるお気に入りの傘だけにしましょう。しまう場所がない……と困っている方は、物の持ち方を見直すチャンスです！

ビニール傘は使いません

急な雨に遭い、ビニール傘を買うこともありますが、普段使いにはしません。買ってしまったビニール傘は車で保管し、緊急時に備えます。ビニールは「火気」のアイテムなので（P53陰陽五行図参照）常にさしていると、その人の運まで燃やしてしまいます。

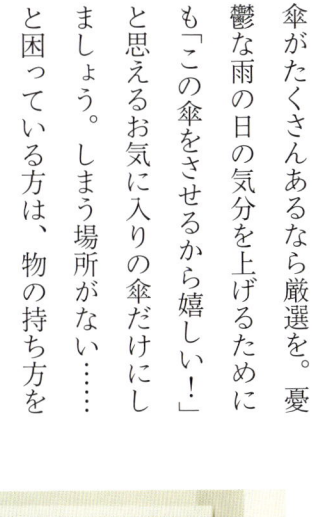

三和土に靴を出しません

玄関は気の入り口ですので、気の流れの妨げになるような靴が三和土に散乱しているのはNGです。帰宅後は下駄箱にすぐにしまう習慣をつけましょう。

「脱いですぐの靴を下駄箱にしまうとジメジメして臭いがこもるのでは？」と思うかもしれませんが、下駄箱の中に竹炭を置けば、消臭と除湿ができます。**下駄箱を「靴の乾燥室」**にしてしまいましょう。そうすると靴を脱いだらすぐにしまいたくなりませんか？　しっかり消臭、除湿された靴は長持ちします。運気アップと靴のメンテナンス、両方兼ねていると思えば、スムーズに習慣化できるのではないでしょうか。

玄関は家の顔です

三和土にはお客様の靴以外が置かれていることがありません。帰宅したら、家族一人ひとりがすぐに下駄箱にしまっています。

木炭よりも気孔の数が多く調湿、脱臭作用に優れた竹炭がおすすめ。ネットショップや道の駅で購入できます。2～3個をオーガンジーの袋に入れています。

オーガンジーの袋はラッピンググッズを取り扱う店舗で購入できます。

竹炭は天日干しをすると、復活するので半永久的に使えます。

全ての靴に、除湿効果の高い竹炭を入れて、下駄箱を靴の乾燥室にしています。

玄関に観葉植物や花を飾りましょう

気の巡りを良くするといわれる植物。玄関に生花や観葉植物があると癒やされるだけでなく、外から入ってくる悪い気を吸い取ってくれます。とはいえ、日の光が入らない暗い玄関では観葉植物が育つか心配。そんな時はフェイクグリーンや造花でも構いませんので何か飾りましょう。

我が家では、玄関を入ってすぐ左に花器を置き、季節に合わせてフェイクグリーンを飾って楽しんでいます。

フェイクだからといってホコリまみれで手入れしないのはダメ。水やりしなくて良い分、マメに手入れしきれいを保ちましょう。

あるとないでは大違いのグリーン

空気清浄効果があり、マイナスイオンを出すと言われるサンスベリアの仲間、サンスベリア・バキュラリス（写真左）は１００円ショップで購入した物。乾燥気味で育てる、手がかからない丈夫な植物です。
玄関を入って正面左には大きな花器を置き、フォーカルポイントに（写真右）。IKEA は季節の造花が豊富で、よく利用しています。

鏡は左か右に置きます

出かける前の身だしなみを整えるため、玄関に鏡を置いているお宅は多いのではないでしょうか？

玄関を入って右側に鏡を置くと**仕事運、地位・名誉運がアップ**、入って左側に鏡を置くと、**財運、健康運がアップ**するといわれています。

玄関の正面の鏡は家の中に入る気を跳ね返してしまうので良くありません。布をかけたりカッティングシート（粘着剤つきの塩ビフィルムシート）を貼るなどの対処策があります。

全ての運が欲しいと欲張って左右に置くことは厳禁です。どちらか片方にしましょう。

鏡に映り込んでいる物は美しい物であることが重要。靴で散乱した三和土や乱雑に置かれた物が映り込んでいませんか？　植物や絵画等、美しい物が映り込むのはＯＫです。また、鏡の汚れやくもりもＮＧ！　**ピカピカが鉄則**です。

入って**左**に鏡 …… **財運・健康運**がアップ

入って**右**に鏡 …… **仕事運・地位・名誉運**がアップ

良い香りで家の第一印象をアップしましょう

どんな家にも、その家独特のにおいがあり、住人はそのにおいに慣れてしまっていて気づかないもの。

玄関の良い香りは、その家の第一印象でもあります。

良い香りは邪気を寄せつけず、運気アップにもつながりますので、アロマやお香をたき、良い気を招き入れましょう。できればアロマやお香はオーガニックの物がおすすめです。香りで良い気をおもてなししましょう。

エッセンシャルオイルディフューザーは火を使わないので安全

ディフューザーは生活の木のもの。オイルの微粒子を空気で効率よく拡散させるタイプなので、香りが即座に広がります。オイルは写真右から無印良品のエッセンシャルオイル・スウィートオレンジ、パーフェクトポーションのリフレッシュ エッセンシャルオイル ブレンド、VIE AROME（ヴィアローム）のディフューザーブレンドオイル　ゼニチュード。

今、履く、現役の靴だけ厳選して持ちましょう

下駄箱の中に、足に合わない靴や、何年も履いていてない靴はありませんか？　履くと足が痛くなる靴で、遠くまで出かけられるでしょうか？　靴はあなたを新しい世界へ連れて行ってくれるラッキーアイテムですから足に合わない靴は不要です。

靴の数＝幸せの数　ではありません。

今、履く、現役の靴だけ下駄箱に入れましょう。その靴はきっとあなたを幸せの場所に連れて行ってくれます。下駄箱に入らない季節外の靴があるなら、外国のお宅のようにクローゼットに収納しませんか？　きちんと手入れされた靴ならクローゼットに入れても平気なはず。下駄箱でぎゅうぎゅう詰めに収納される靴はかわいそう！　次の季節も活躍してくれるよう、管理をしっかりしましょう。

季節外の靴の保管はIKEAのSKUBB（スクッブ）に！

娘達の季節外の靴は下駄箱でなく、クローゼット上段に収納しています。IKEAのSKUBBは、前面がメッシュになっているので通気性が良く、靴を湿気でダメにすることはありません。

ヒールの高い靴は入らないので、縦置きにし、靴を前後に少しずらすことで、きれいに収納することができます。

寝室
Bedroom

片づけると〝パワーチャージ〟できます

寝ている間に良い気を吸収しましょう

人生の3分の1に当たるといわれるほど、長い睡眠の時間、あなたは上手に過ごせていますか？

人は眠っている間に一日の疲れを取り、運や気を修復、再生しています。寝室は、その大切な場所だと思って整えていきましょう。乱れた寝室環境ではパワーチャージできません。

寝ている間に良い気が吸収できるように、不要品やホコリ、汚れを除き安眠できる環境作りをしましょう。

また寝具やパジャマは常に清潔な物に。そうすることで、毎晩、体の疲れと心の疲れを取り、パワーチャージすることができます。

眠っている間

↓

一日の疲れを取る
運＆気を修復＆再生

↓

パワーチャージ

落ち着いた色のファブリックで寝ましょう

心地良い眠りをもたらす寝室になるよう、ファブリックはグリーン系やベージュ系など、落ち着いた色にしましょう。

安眠を妨げる派手なインテリアやファブリックはできるだけ避けて。赤は活性の色なので、寝具に用いると気が活性化して安眠できません。また、皮膚は視覚とは違ったシステムで色を感じていると言われています。派手な柄の寝具は落ち着かず、熟睡しづらいので避けましょう。

イメージはラグジュアリーなホテルの部屋です。安眠できそうだと思いませんか？

ベッドのファブリックの色

○ グリーン系、ベージュ系

✕ 赤系、派手な柄物

北枕で寝ると良い睡眠が得られます

一般的に「北枕」は縁起が良くないとされています。それはお釈迦様が亡くなった時、北に頭が向いていたことでできた風習だから。

風水では逆に「北枕」がおすすめです。

地球の北半球では北から南に流れる磁気があり、その流れに沿って頭を北に、足を南に向けると、血液や気の流れと揃うので、疲れが取れやすく安眠しやすいと考えられています。

質の良い睡眠を取るためにも北枕がおすすめですが、北枕で寝るために、出入り口の前で寝る、掃き出し窓の前で寝るのはNG。気の通り道では安眠できないので、気をつけて！　このような場合は、パーテーションを置くなどしましょう。

寝室5つのNG

ホコリだらけで掃除していない	寝具からホコリが多く出ます。安眠できないだけでなくハウスダストの原因にもなりかねません。
出入り口の前、掃き出し窓の前で寝ている	ベッドヘッドは壁につくようにしましょう。
ぬいぐるみがたくさん置いてある	良い運気をぬいぐるみが吸い取ってしまうので、置かないか、厳選しましょう。
ドライフラワーを飾ること	「死んだ花」とされるドライフラワー。「陰の気」を帯びているのでパワーチャージする寝室には飾らない。
枕元で携帯電話の充電をすること	安眠の妨げになりますし、電磁波が良くありません。どうしても必要な場合は枕元から50cmは離しましょう。

夜と朝、気をつけること

夜寝る時に、寝室の照明はどうしていますか？

真っ暗な部屋は陰の気がとても強くなってしまうので、できれば間接照明や豆電球等、薄明かりの状態で寝るようにしましょう。

朝起きたら、カーテンや窓を開け、布団で寝ている方は、布団を押入れに片づけ、ベッドの場合はベッドメイキングを。

ベッドメイキングといってもホテルのように完璧なベッドメイキングではなく（できるならその方が良いですが）、自分が寝た場所をきれいにすればＯＫ！

活動する時間、寝る時間、区切りをつけることが大切です。

布団干しやシーツの洗濯もマメにできれば言うことなし。湿気を防ぎ、安眠を促します。「寝るだけだから……」とないがしろにしないよう気をつけましょう。

娘の寝室にあるミニ電気スタンドはニトリの物。ベッドの物置の幅が狭いので、そこに置けるサイズの物を探していたらニトリで発見。

寝姿を鏡に映さないようにしましょう

鏡は開運アイテムの一つですが、寝室に鏡がある場合は注意が必要です。

寝姿が鏡に映るのは、気が吸い取られてしまうので良くないとされ、部屋の中にある気が反射し、寝づらくなるとも言われています。

三面鏡のように鏡が閉じられる物は大丈夫ですが、鏡がむき出しのドレッサーは寝姿が映らない場所に移動するか、カバーをかけておきましょう。

寝姿が映る鏡がある場合、布をかける、カッティングシート（粘着剤つきの塩ビフィルムシート）を貼るなどして対処しましょう。自宅の寝室はもちろんのこと、ホテルや旅館でそのような部屋に当たった際はバスタオルをかける、衣類をかけて映らないようにするなどの対処をしてから寝るように心がけてください。

トイレ

Restroom

片づけると〝健康運・金運〟が良くなります

モデルルームのような明るさと清潔さに

トイレは陰の気がたまる不浄な場所なので、とにかく明るさと清潔さを心がけましょう。トイレは金運とも直結していますので、とにかく**トイレは毎日掃除！**

私は掃除が苦手なので、自分が続けられるためにあえて**習慣にしています**。毎日掃除をすれば、汚れがたまらず掃除も楽ですし、嫌な臭いもたまりません。ドアを開けたときにすがすがしくなるくらい、掃除してみませんか？　狭い場所なので掃除も短時間で終わりますし、「金運が上がるかも！」と思えば頑張れるはず。トイレの嫌な臭いは悪い気を招くとされるので、窓を開けたり、換気扇を回したりすることも大切です。

汚れをためないのでトイレブラシは不要です

毎日掃除をする気分になるために、掃除道具はできるだけシンプルに。見た目の美しいものに！　私が愛用しているのは、JAMES MARTIN のアルコール。ネットで購入しています。これをシュッとかけて、トイレットペーパーでさっと拭くだけ。気になるところだけ、ウェットティッシュを使います。

必ずトイレの蓋は閉めましょう

トイレのドアや蓋の開けっぱなしは、陰の気が家の中に広がってしまいますので、**必ず閉めるようにしましょう**。暖房便座の場合、蓋を閉めていると熱が逃げず、電気代の節約にもなります。

ただ、家族に蓋を閉めてとたびたび伝えても、なかなか実行してくれず。そこで、家族に蓋を閉める習慣をつけてもらうまで、下の写真のように**「トイレの蓋を閉めるとお金持ちになります」**と書いてドアノブに貼りました。

「お金持ちになるなら！」と3日も経たず、閉めてくれるようになり大成功でした。

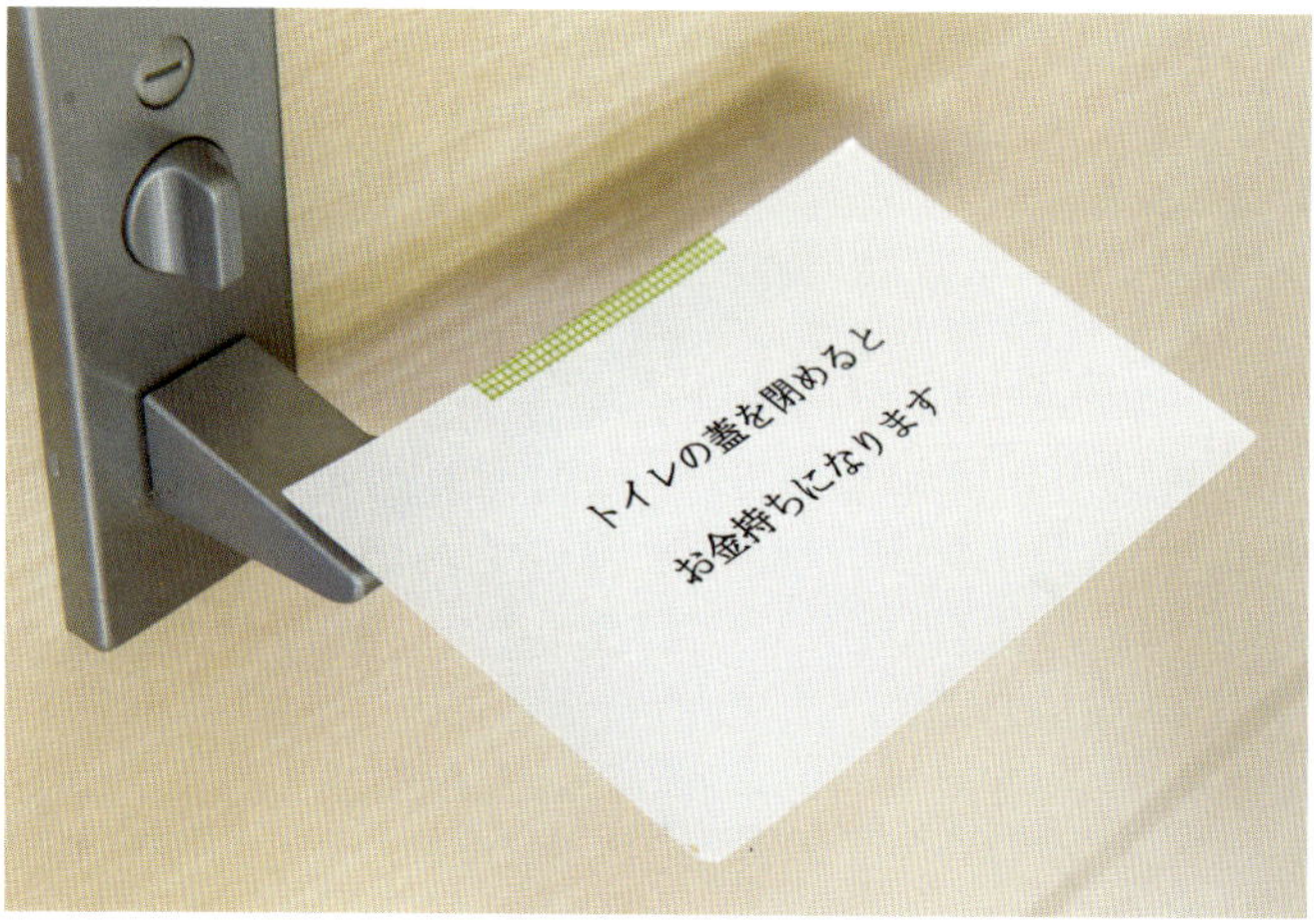

ドアノブに貼ったので、嫌でも目に留まります

「トイレの蓋を閉めましょう」と貼った時は全く効果がありませんでした。お金持ちになるかも？というワクワク感が、蓋を閉める動機づけになったのかもしれません。もちろん今はもう貼っていませんよ。

スリッパは必須、いつも清潔に

トイレのマット、**スリッパは悪い気を吸い取ってくれるため、必須**です。陰の気をためやすいタオル、マット、スリッパは常に清潔に。寒いトイレは運気まで冷やしてしまいますので、暖かさを促す暖色系の物がおすすめです。

赤や黒、アニマル柄は、良くないとされています。黒は「水気」が強くなるとされ、陰の気が強くなるので×です。赤・アニマル柄は「火気」が強くなり、水回りとの相性が悪いので、気の流れが悪くなるとされます。金運だけでなく、健康運とも深く関わりのあるトイレ。殺風景にならないよう、置く物にもこだわりを持ちましょう。

洗濯機で洗えるスリッパ

我が家では、年に1回、トイレのスリッパをロフトや東急ハンズで買って替えています。キレイをキープできるように、洗濯機で洗えるスリッパを使用しています。

時計、カレンダー、本は置きません

時計、カレンダー、本、この3つはトイレに相応しくない物ワースト3ですが、あなたの家にはありませんか？

「水に流す」という言葉があるように、**トイレで立てた計画、予定、得た知識は流れる**とされます。忙しい朝のトイレタイム、「時間が知りたいので時計は必須」といわれますが、トイレタイムが長いほど、健康には良くないといわれますので、なるべくトイレタイムは短く！　時間に左右されないよう、余裕を持つ気持ちも大切です。

温水洗浄便座など、トイレの機能として時計が付いている場合は外せませんのでＯＫです。

何か飾りたい場合は、観葉植物や小さいオブジェぐらいがおすすめです。

植物はアイビー。アロマが入っていたオシャレな空き瓶にタッセルをつけて装飾しています。口が狭いので１本でもアイビーがしっかり立つのがポイントです。運気が上がるように、アイビーを上に向けています。

トイレでは目的にあったことだけをしましょう

「新聞や漫画、雑誌を読むのでトイレの収納はどうしたらいいですか？」と質問されることがあります。洋式便座の普及で、トイレの中で新聞を読んだり、読書をする人が増えているそうですが、トイレはショートステイが鉄則！

陰の気があるトイレに長居するのは、陰の気を浴び、運気を下げるようなものです。用が済めばさっさと出るように習慣づけましょう！　携帯電話を持ち込んで長居するのももちろんダメです。

玄関で食事をする人がいるでしょうか？　キッチンで寝る人がいるでしょうか？　トイレもそれと同じです。用を足す以外のことをするのはおかしいので止めましょう。

トイレは陰の気がたまりやすいので、換気、掃除は必須です。便器だけでなくトイレタンクの水受けや、水道もピカピカに。窓がない場合は換気扇を利用して。観葉植物や生花を置いて、陰の気を中和させましょう。

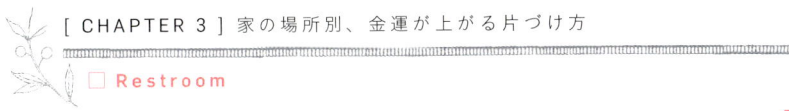

浴室・洗面所

Bath & Washroom

片づけると
外で受けた悪い気を
洗い流せます

浄化の場を整理整頓しましょう

浄化の場である洗面所や浴室は、水回りなので金運と直結しています。金運アップを目指し、常に清潔にしましょう。使っていない整髪剤や試供品、たくさんありませんか？ 使わないのであれば、即処分を。**乱雑な場所に良い気は流れません。**不要な物とはお別れし、整理整頓を心がけて！ さぁ、見直してみましょう！

- 今度使うかもしれないヘアケア用品
- シャンプー、リンスの試供品
- コスメの試供品
- 洗剤、シャンプー、リンスのストック
- 用途ごとにあるたくさんの洗剤

洗面台に置く物を少なくしておくと、毎日の掃除も楽です。ハンドソープはsarasa design storeのもの。スッキリしたデザインのボトルに入れ替えると視覚的にもごちゃごちゃしません。

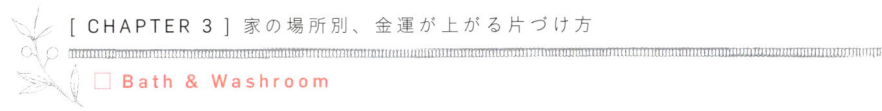

洗面台は5割収納にしましょう

とかく洗面台はこまごましたもので溢れがちです。

ギュウギュウ詰め収納と、ゆったり収納、どちらが使いやすいでしょうか？

もちろん、ゆったり収納に決まっています。どこに何があるか、すぐにわかりますし取り出しやすさは格別。

洗面所は、朝の慌ただしい時間に使う場所でもあるので、取り出しやすさ重視の5割収納がおすすめです。

5割しか入っていないと、気の流れも良く、良いことずくめです。

どこに何があるかすぐわかると、時短に

奥行きが狭い場所なので収納量は限られています。壁面にフックをつけ、カチューシャやメガネの定位置を設けています。ボトル類も一列に整列。欲しい物が素早く取れ、戻すのも簡単。

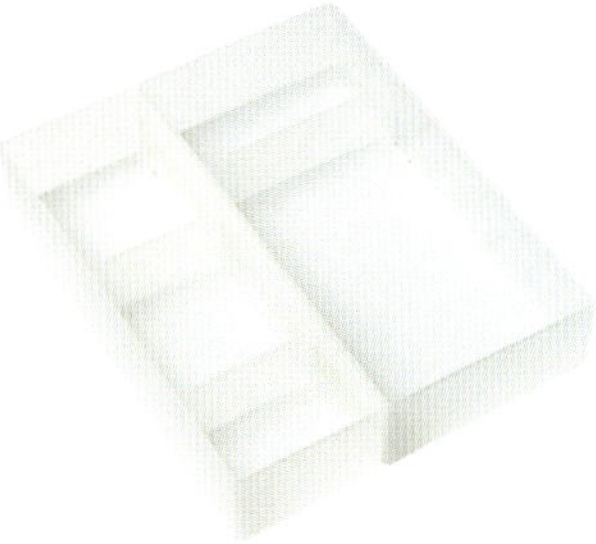

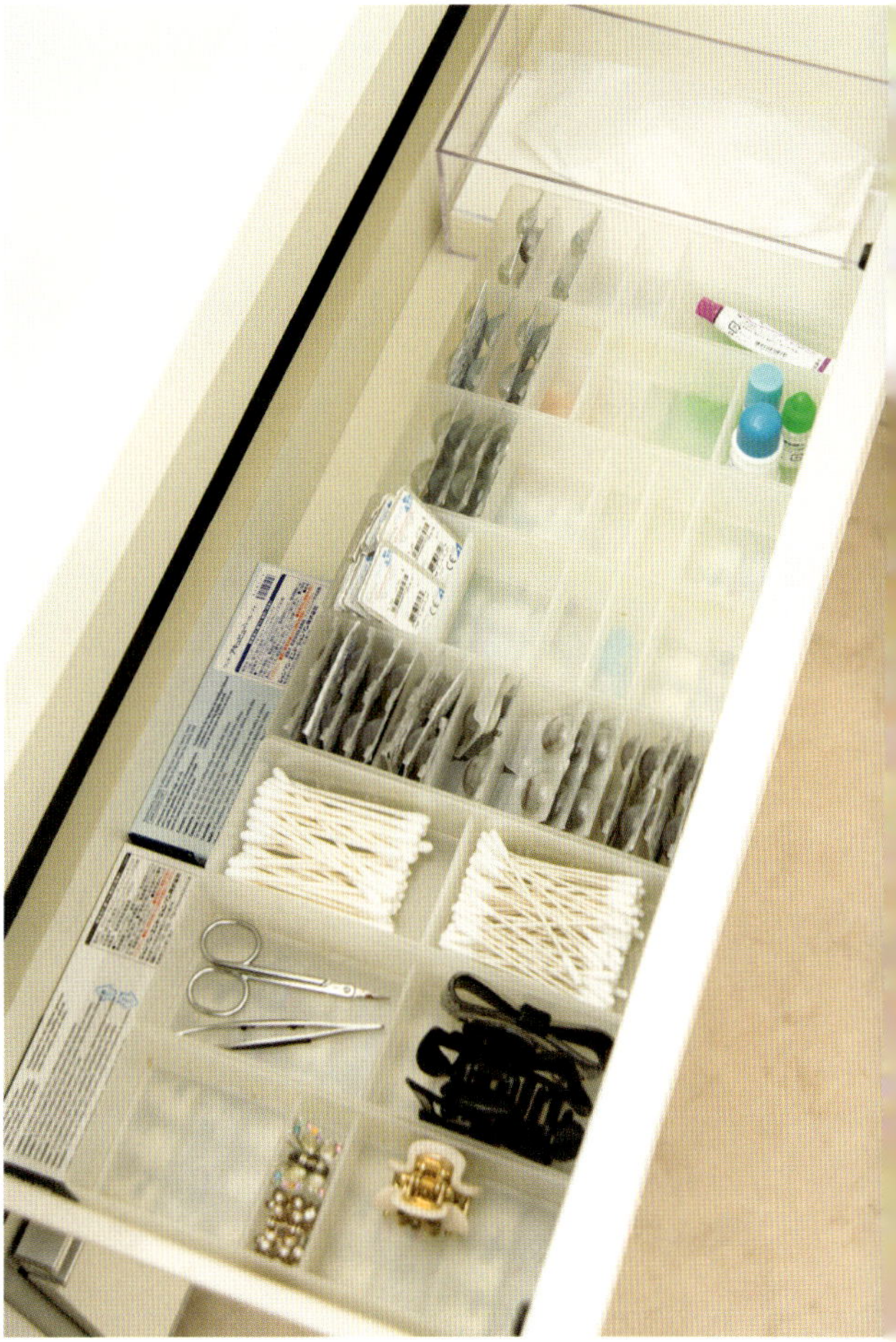

引き出しの形にぴったりの仕切りを手作りに

無印良品のポリプロピレンデスク内整理トレーを、両面テープで組み合わせれば、自分の家の引き出しにぴったりのサイズが出来上がり！

仕切りは上下に重ねて収納量を倍に

毎朝使用するコンタクトレンズやヘアクリップは、無印良品のポリプロピレンデスク内整理トレーにしっかり分けて収納。上から見渡せるので一目瞭然です。トレーは上下２段に重ねて使えば、収納量が倍増します。

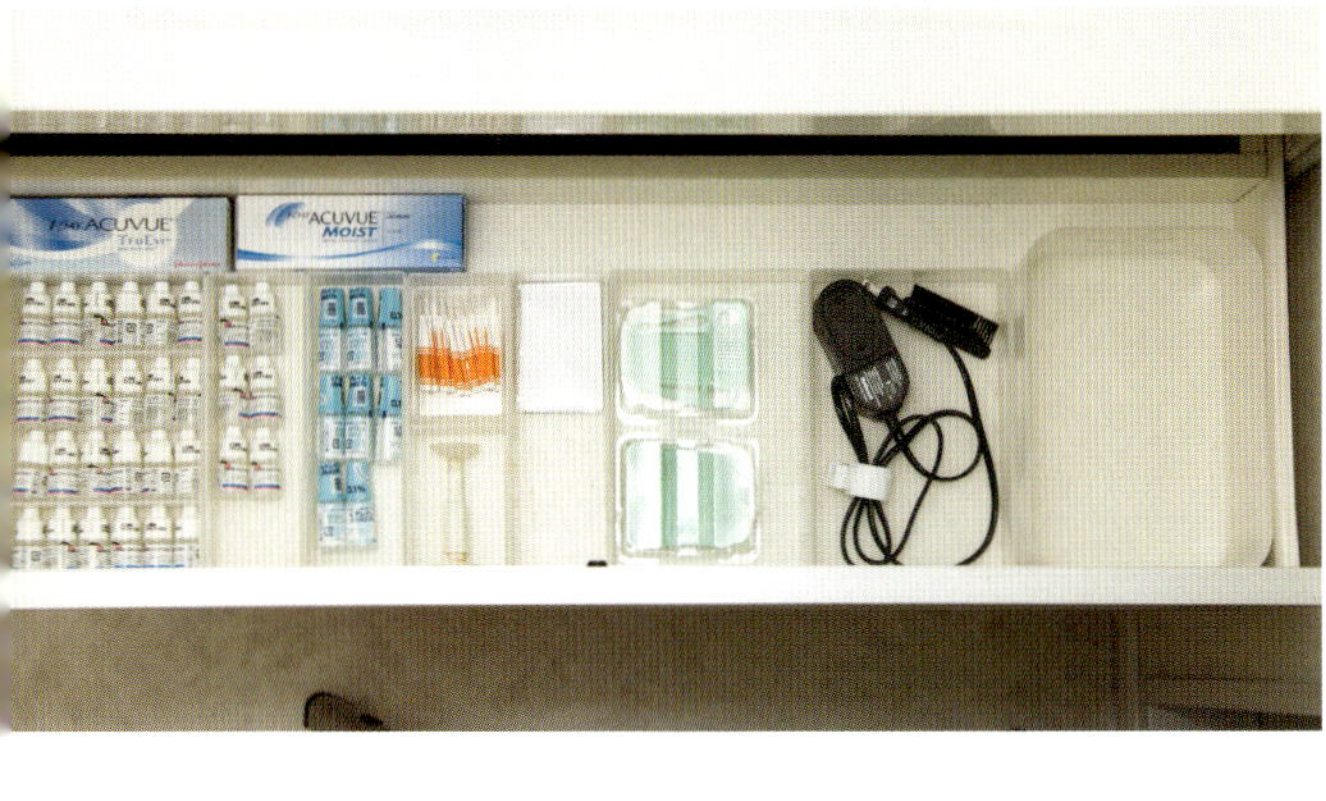

仕切りの下段は使用頻度の低いものを

使用頻度が少ない髭剃りの充電器や、歯間ブラシ、目薬のストックは下段に収納。半透明の容器なので、下段に入っている物の存在感があり、「どこにいった？」と探すことがありません。１仕切り１種類入れると探しやすく、すぐに取り出せます。

1日1回排水して清潔にキープ

浄化の場所である浴室は常に、カラッとしていることが鉄則。

そのため、**入浴後は必ず排水**しましょう。排水しても湿気がこもりやすい場所なので換気は必ずし、ぬめり、カビ、水垢を発生させないように。リラックス&リフレッシュできる浴室にしましょう。特にお子様のお風呂用おもちゃを置いている場合は、数を絞り、カビが生えないよう清潔に。

我が家では、最後にお風呂を使った人が、浴室内にかけてあるスポンジでさっと掃除。これだけで、ホテルのような浴室をキープしています。

掃除道具は掛けて収納することで水切れ良く

主張しすぎるカラフルな掃除道具は選ばず、白でシンプルに統一。右端、洗剤を入れているボトルは100円ショップの物。バーに掛けることができるフッキングスポンジはオーエ QQQ フッキングスポンジ。

シャンプーボトルは陶器が理想です

シャンプーやコンディショナー、ボディーソープのボトルはプラスチック製より陶器が理想的。プラスチックは火の気、浴室は水の気なので相性が良くありません。面倒ですが容器に移し替えましょう。これだけで、商品名などの表示の煩わしさがなくなり、浴室の見た目がスッキリ。毎日の入浴の心地良さが違います。

「陶器製は割れるのでは？」とよく尋ねられますが、我が家のボトルはセラミック製なので、６年間一度も割れたことがありません。ポンプの所は壊れるのでパーツのみ交換しています。小さなお子様がいる場合は安全面に配慮してくださいね。

セラミックなので割れません

sarasa design store b2c セラミックボトル／ローションタイプ（L）にシャンプー、コンディショナーを詰め替えて入れています。b2c セラミックボトル／ムースタイプ（L）は泡で出るタイプのボディーソープを入れています。

湯船には毎日浸かり、浄化しましょう

体についた悪い気は目に見えません。**湯船に浸かることで、悪い気を落とす作用があります**ので、湯船には毎日浸かりましょう。

真夏の暑い日はシャワーだけで済ませがちですが、湯船に浸かることで血流も良くなり、体の疲れも取れ翌日の活力にもつながります。短時間でも良いので、湯船に浸かるようにしましょう。

浴槽の残り湯には、家族が入浴の際に落とした、悪い気が入っています。

そのお湯を洗濯に利用すると、悪い気が洗濯物にも戻ってきてしまいます。その洗濯物を着るということは……。

残り湯を洗濯に使うのは止めましょう。再利用した分の水道代も、いうほど変わってくるわけではありません。

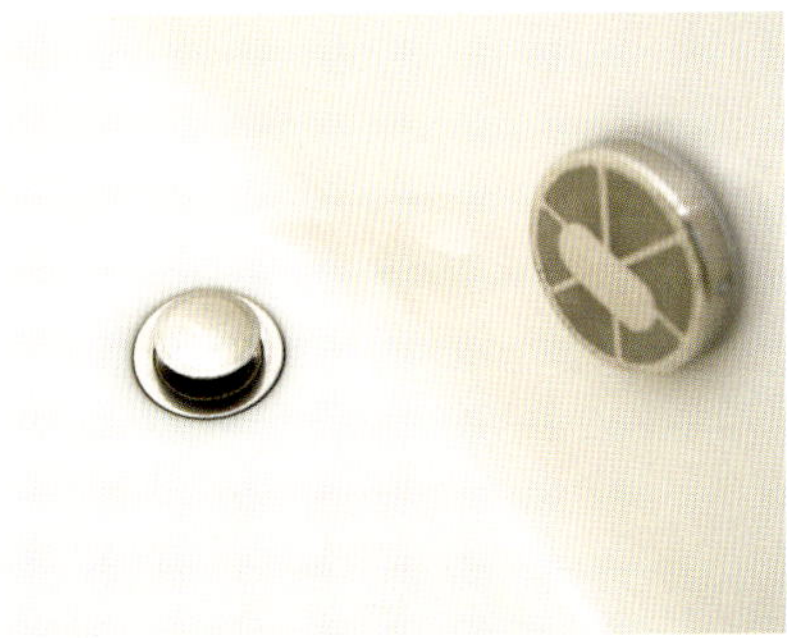

排水口は常に清潔に！

髪の毛や水垢を放置してはいけません。詰まりや、嫌な悪臭は金運ダウンにつながります。面倒でも毎日掃除しましょう。

キッチン

kitchen

片づけると
〝健康運＆金運〟が
上がり、家庭円満に

「いつも清潔」が当然な状態にします

不潔は金欠を招きます。

例えばキッチンが不潔だと、食事に雑菌が入りお腹を壊すかもしれません。そうなると病院に通い（出費）、仕事を休み、お給料が減るかもしれません。キッチンも水回りなのできれいを常にキープできれば、金運アップ間違いなし！

理想は、食後、30分以内に片づけをスタートすること。満腹ゆえ、片づけを後回しにしたい気持ちはわかります。「たった30分で金運が下がるわけがない！」と思うのではなく**「たった30分なのに、今日も金運を上げた！」**と思える心の余裕が大切。

シンクに汚れ物を長時間ため込んだり、三角コーナーや排水口のカゴの中に生ゴミを入れっぱなしは、邪気がたまってしまいますのでNG。こまめに捨てましょう。

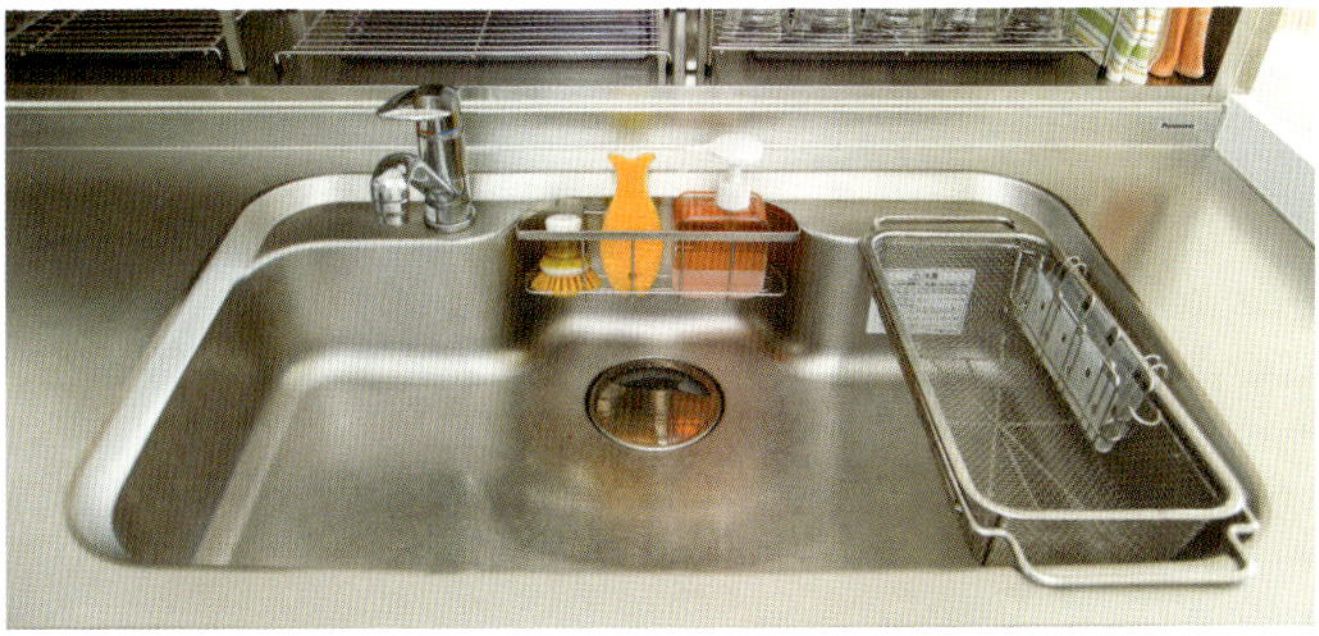

我が家は毎月１日にスポンジを新調

キッチンスポンジや台布巾、「前回、いつ換えたっけ？」と思い出せないことのないよう、月に１度の交換日を決めましょう。交換日が決まっていると、ストックをたくさん持つ必要もなくなり、管理も楽です。

モデルルームのようなキッチンをキープする方法

「モデルルームみたい」と言われる我が家。4人家族で毎朝毎晩キッチンを使っているのになぜきれいにできるのかをよく尋ねられます。

私自身は掃除が苦手です。それがよくわかっているので、それでもきれいをキープできるように、気づいた時、すぐに掃除ができる工夫をしています。

使ったら汚れるところは実ははっきりしていますよね。シンクなどの水回り、コンロなどの火の回り。この二つを使ったらその直後にきれいにできるよう、掃除道具も手に届くところに置いています。

生活感が出ないキッチンに

2階に上がるとすぐに見えるのがリビングにつながるキッチン。いらっしゃった方がゆったりした気分になれるよう、生活感がでないような状態をキープしています。

火回りの掃除法

**周りに何もないと
使ったそばから掃除できる**

掃除を手軽にするため、ガスコンロの回りには何も置きません。

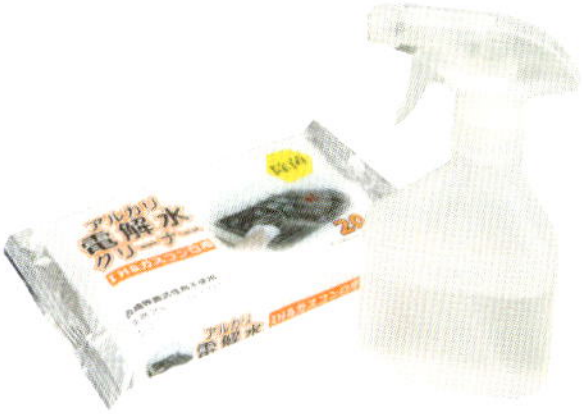

汚れを見つけた時、サッと掃除できるお掃除セット。右が水の激落ちくん（アルカリ電解水）。左が100円ショップ（セリア）のアルカリ電解水クリーナー（ウェットティッシュ）。

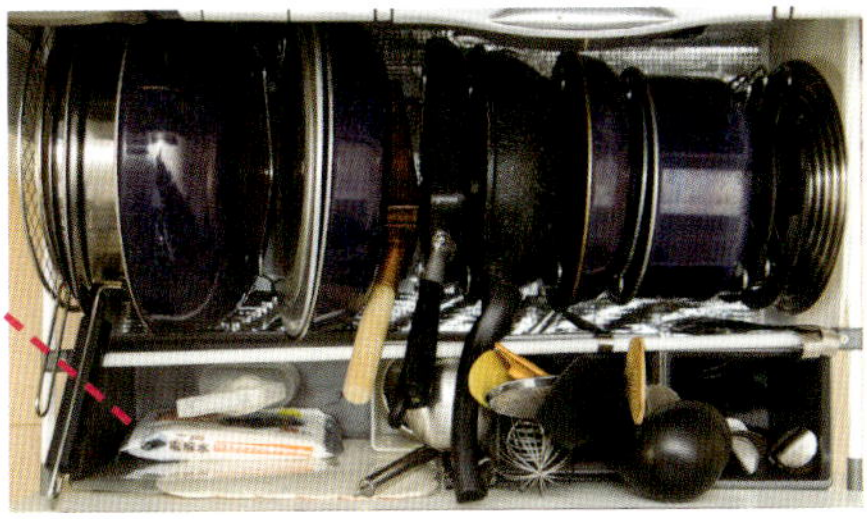

ガスコンロの下にはガスコンロの掃除グッズを収納しています。

シンク下は水に関係するグッズを収納しています。

水回り掃除法

**シンク回りで
使用する物だけを収納**

メラミンスポンジや、排水口ネットなど、シンクで使用する物だけを収納しています。無駄な動きをせず、すぐ使用できる快感を味わってください。

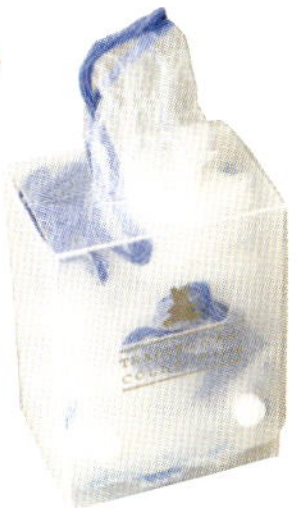

排水口ネットは100円ショップのトレーディングカードケースに小さな穴を開け収納し、すぐに取れるように。

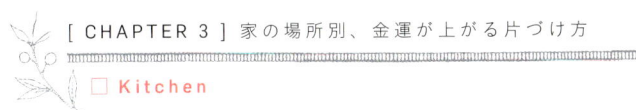

冷蔵庫に紙を貼らない

冷蔵庫は掲示板ではありません。

冷蔵庫に紙を貼ると、ドアの開閉が邪魔になるだけでなく、掃除もしづらく見た目も良くありません。冷蔵庫は水の気なので金運と密接な関係がある場所。そこがごちゃごちゃしていると金運ダウンにつながることも。風水に関係なく、ごちゃごちゃした冷蔵庫のドアが好きか、嫌いか、気持ち良いか、そうでないか、ご自身で考えてみてください。

私は紙を貼っていない方が気持ち良いと感じます。今までの受講生の何人もの方から「冷蔵庫の紙を外したら困るかと思ったけれど、意外と大丈夫でした」との感想をいただきました。悩む前に、まずは試しにやってみましょう。その行動が金運アップの第一歩です。

冷蔵庫には何も貼りません

TV番組の豪邸企画では冷蔵庫をチェック！　お金持ちな人ほど、冷蔵庫には何も貼っていません。お金持ちの家をモデリングしましょう。

扉の裏を使った手作り掲示板

ここに子ども達の学校のプリントなど、重要なお知らせは貼っています。

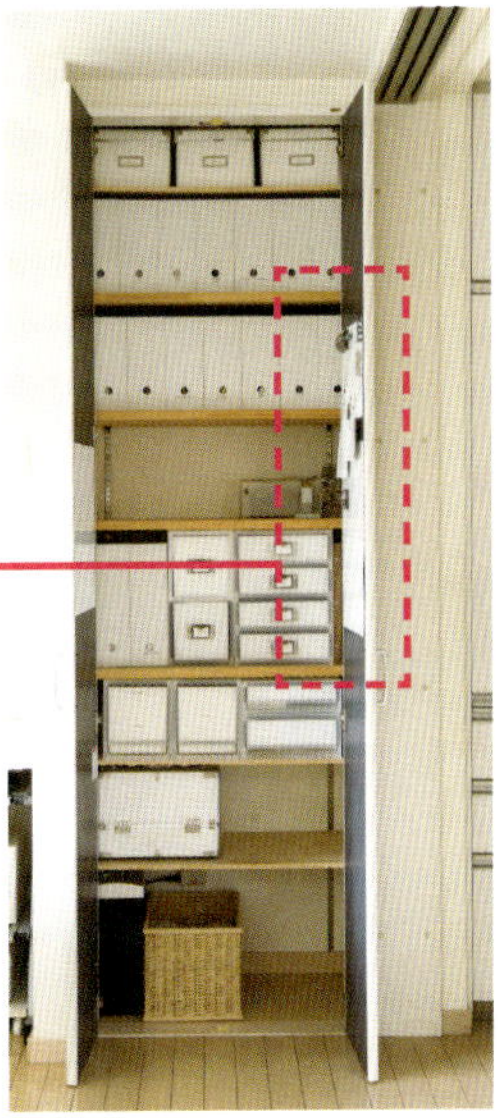

我が家は、冷蔵庫に貼るようなお知らせは全て、リビングのクローゼットの扉の裏に。このようなスペースがない場合、キッチンの吊戸棚の内側にホワイトボードを貼り付けても。

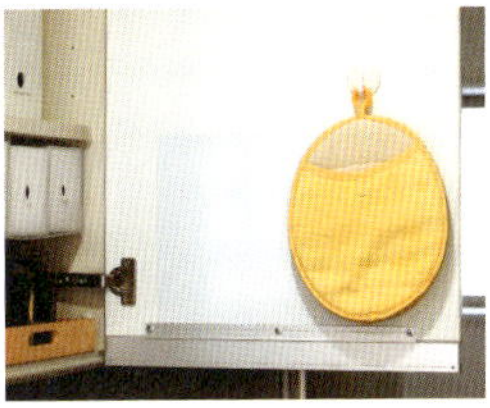

作り方

マグネットをつけられるように、100円ショップで購入したホワイトボードを用意。外枠を剝がし、両面テープで扉の裏に貼りつけます。ホワイトボードは極力シンプルな物がおすすめ

ゴミ箱は蓋つきにしましょう

キッチンのゴミ箱は蓋つきにしましょう。ゴミは陰の気なので、

1 **ためないこと**
2 **見えないこと**
3 **臭わないこと**

が重要です。蓋つきのゴミ箱だと、見えないですし、嫌な臭いを出しにくくしてくれます。

ゴミ箱が家の中で目立つ位置にある必要はありません。使いやすくしつつ、できるだけ目につかないような配置にしましょう。

ゴミ袋はゴミ箱裏に突っ張り棒でかけておく

ゴミ箱を引き出すと、その奥にゴミ袋があるので探す手間が要りません。突っ張り棒2本を使用し、かける収納にしています。1枚ずつ取り出せてとても便利です。

壊れている物を使いません

欠けたり、ヒビが入った食器、焦げた菜箸や、溶けかかったレードル類はないでしょうか？

数が揃っているお皿は欠けていても捨てられないという方がいらっしゃいますが、壊れかけている物を使うのは危険です。そして貧乏臭い！　また、それを見て、毎回、残念な気持ちになるのがもったいない！　気はエネルギーです。無駄なエネルギーの消費はいけません。

壊れている物を使うと、運気も壊れてしまいます。「このくらいならまだ使える？」と思わずに「役目を終えた」と思い、潔く処分を！　自分の代わりに厄落としをしてくれた物に対し、感謝の気持ちを込めてお別れしましょう。

傷んだものは即処分か、金継ぎなどでしっかりメンテナンスを

壊れていないからといって、焦げた菜箸や熱で溶けかけたレードルを使用するのはNG。使うたびに気分が下がるものは運気も下げます。傷んでいる物があるなら、即、処分です。それだけでキッチンがすっきりしてきます。本当に大切な食器などは「金継ぎ」して修復し、愛用してくださいね。

リビング・ダイニング

Living & Dining

片づけると〝家庭運〟が上がります

リッチな人の家のリビングをイメージしてください

まずは、リッチな人の家のリビングをイメージしてみてください。

床に物が転がっていたり、ソファに服がかかっていたりするでしょうか？　テレビや雑誌で見るリッチな人の家は、とてもスッキリと片づいていて無駄な物が出ていません。

まずはそんなインテリアを真似しましょう。**自分で考えるのは難しいですが、真似なら簡単。**

何も高級な家具を揃える所から始めなくて構いません。生花を飾る、観葉植物を置く、クッションの数を多くしてみるなど、何か一つはできることがあるのではないでしょうか？　まずは形から入っていきましょう。

リッチな人の家のソファには
クッションがたくさんある法則

クッションの数はできるだけ多く置きましょう。「たくさんのクッションが邪魔でソファに座れない！」と思うのではなく、「ハリウッドスターみたい！」と思える心の余裕が、お金持ちへの第一歩です。カバーは季節に合わせて替えます。茶色は無印良品。グリーンの花柄はMadu。ベージュの花柄はニトリのもの。

床に物は置きません

床に物を置き始めると、運気が下がっている証拠です。疲れている、忙しい、体調不良など、不調の前兆があると、今まで床に置いてなかった物が、置かれ始めてしまいます。一度、床に物を置き始めると、家族も「ここに置いて良いのね」と思い、さらに物が増殖し、置きっぱなしにされてしまいがち。運気を下げないためにも、床には置かず、せめて椅子や机の上に置きましょう。

床より高い場所は目が届くので、片づけるきっかけにつながります。椅子に座るために物を片づけたり、机で作業するために物を片づけるはず。

運気の上げ下げを自分でコントロールできると思えば、頑張って片づけてみようと思いませんか？

出かける前と就寝前にはリセットを

出かける前、就寝前は必ず床に物がない状態かチェックし、部屋のリセットをします。ケガと同じで重症化させないことがポイント。「ちょっときれい」がずっと続けば、運気は下がりません。

家族全員が片づけるシステムに

リビングをきれいに保つためには、家族全員が片づけられることが必要です。

リビングは家族全員が使うため、家族それぞれの所有物が集まる場所でもあります。ただそれを自分一人で片づけるのは、無理ですし、お手伝いさんではありません。片づけが得意じゃないご主人でも、小さいお子様でもできます！　家族全員が片づけられるシステムにしてしまいましょう。

その全員片づけシステムで大事なのはこの3つです。

1　**物の住所を全員がわかっている**

2　**私物を収める場所を作る**

3　**収納箇所を一か所集中にする**

次のページに我が家の具体例をご紹介します。

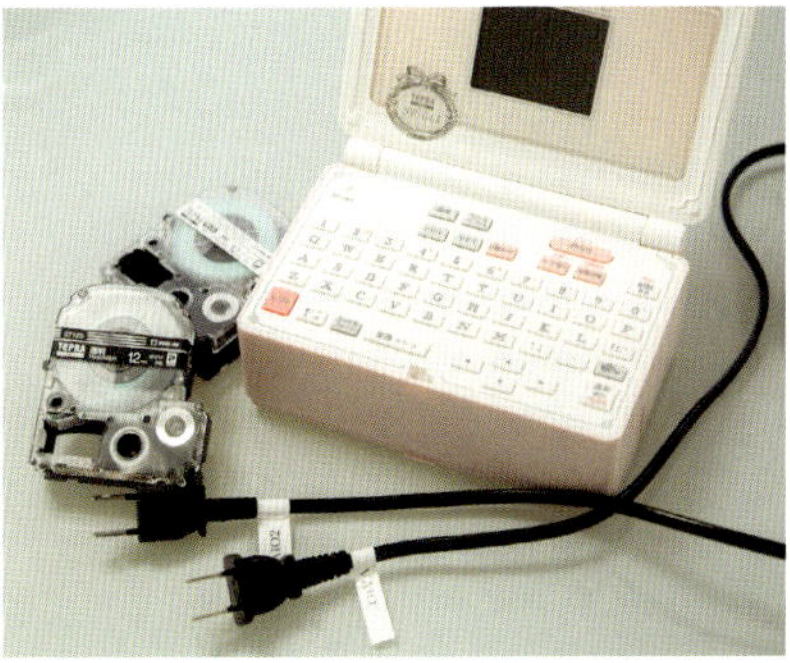

家族全員がわかるよう、引き出しなどにはラベルを。ラベルライターは「テプラ」PRO SR-GL1を愛用。手書きでもいいのですが、ラベルの文字が揃っていて美しいとそれだけできちんと整理しようと家族も思うようです。

1　物の住所を全員がわかっている

ラベリングは必須。出すためではなく、しまうためのラベリングです。

しまう場所が分散していると、出しっぱなしになりやすくなります。「そこを探せば見つかる」という物が集中する場所を作りましょう。

2　私物を収める場所を作る

娘達のテキストや私物を収める棚。扉の紙は裏紙。

夫の私物は引き出し2つ分に収納。郵便が届いたら、引き出しに入れておくので、郵便物が出しっぱなしになりません。帰宅後、必ず夫が引き出しをチェックするので、我が家の私書箱的存在です。

小さな物はなくしやすいので、定位置を決めます。リングの一時置き場はガラスのミニボウル。

3 収納箇所を一か所集中にする

リビングに物が出ないように収納を集約しています。空いているスペースは避難所。出かける前、寝る前、作業しかけの物はここに入れ、物を出さない工夫をしています。

1段目

椅子に乗らないと手が届かない場所には百人一首等、季節の物や滅多に使わないラッピング用品を。

2～3段目

取り扱い説明書や学校の手紙類、仕事の書類をボックスごとに分けて収納。

4段目

いちばん使いやすい高さなので、スマホを充電したり、文具を収納しています。
空きスペースは、物の一時置き場。

5～6段目

カメラやカメラの充電器、夫の私物置き場、コピー用紙やレッスンのレジュメなど。

7～8段目

7段目はコスメボックス、8段目はシュレッダーと新聞置き場。朝刊を読んだらすぐにこのカゴに入れます。

電化製品の近くには植物を置きましょう

リビングには、テレビ、エアコン、ゲーム機、オーディオなど、電磁波が出る家電がたくさんあります。

それら電化製品の近くに観葉植物を置くことで、空気を浄化させるだけでなく電磁波を中和してくれますので、一つは置きましょう。

葉が上に伸びる植物や、葉の形が丸い植物は、運気がアップすると言われています。生きている植物や花には生命力や活気がありますので、置いているだけで私達に癒やしを与えてくれます。世話が面倒と思うかもしれませんが、育てやすい植物もありますので、諦める前に、それらを選んでみませんか？

留守がちで、どうしても育てることができない場合は、造花でもＯＫ！　近頃は本物そっくりのクオリティーの高い物が多く出回っています。造花は雑貨の部類です。置かないより、置いた方が華やかになりますので、ぜひ、リビングに置きましょう。

寒さに強く日陰でも育てることができるパキラ

パキラは別名、マネーツリー（発財樹）とも言われる縁起の良い植物。これがスクスク育つということは……！

○おすすめの観葉植物リスト

パキラ、ウンベラータ、オーガスタ、ストレリチア、スパティフィラム、モンステラ、サンスベリア、クワズイモ、ユッカ、ガジュマル

ユッカ

パキラ

サンスベリア
（トラノオ）

風水でプラスチックの鉢は「火気」なので、植物の効用が得づらくなり、おすすめできません。それに加え、見た目がチープな印象を与えてしまいますので、陶器の鉢に植え替えるか、自然素材や陶器の鉢カバーを利用しましょう。お花屋さんだけでなく、インテリアショップでもオシャレな鉢が見つかります。

×NGリスト

ドライフラワー、ポプリ（昔生きていた物、剥製、標本等もNG）、サボテン（トゲがNG）

ドライフラワーは昔生きていた物なので、「死んだ花」とし、忌み嫌います。サボテンはトゲが良くないので、家の中にある場合は外で育てましょう。トゲは邪気を寄せつけないので家を守ってくれます。家の中に置いた場合、良い気を引き寄せないので外に置くのがベストです。

子ども部屋

Children's room

片づける力を子どもが持つと
判断力が養われます

子ども自身が整理整頓できるように

勉強道具や衣類、おもちゃもある子ども部屋は物が多く、散らかりやすい部屋、ナンバー1かもしれません。

勉強道具やおもちゃの出しっぱなしは、気の流れが悪くなってしまいます。

毎日きれいに片づける習慣づけと、片づけやすい環境作りが大切。学校では身の回りの物の管理は自分自身でするので、家庭でも同じように子どもも自身が片づけるようにしましょう。「私が片づけた方が早いから」と大人が片づけていれば、子どもの片づける力は育ちません。

良い気を呼び込みやすい環境作りを親子でしましょう。

100円ショップの仕切り付きトレーを使用。

引き出しの中はトレーで仕切る

どこに何があるかわかりやすくするために引き出しの中はトレーで仕切りましょう。ここまでの環境設定は親がしてあげて！

ニトリのインボックスはサイズが豊富でスタッキングができる優れた収納グッズ。
インボックス ハーフ（左）／インボックス レギュラー（右）／カラーはアイボリーとダークブラウンの２色。

真っ白や真っ黒は避けましょう

純真無垢な子どもは、環境や気の影響を強く受けやすいと言われています。だからこそ、遊んだり、勉強したり、寝る場所でもある多機能な子ども部屋の環境作りはとても重要です。

まず色ですが、子ども部屋を真っ白や真っ黒のようなモノトーンにするのは、子どもの集中力を欠くとされるので避けましょう。

なるべく濃い色の物は使わず、刺激の少ない色が理想です。ブルー系、グリーン系は脳を落ち着かせます。ファブリックは茶系、ベージュ、ピンクがおすすめ。

小学校入学までは色彩感覚を養うため、カラフルに。ウキウキ、ワクワクする楽しい子ども部屋作りを目指しましょう。

また、その子に足りない「気」を色で補いましょう。色は人の心理や感情、体に影響を与えます。元気が有り余る子には青を、おとなしい子には赤を。青には人の心を落ち着かせる鎮静効果があり、赤は活性の色なので元気をもたらします。

増える子どもの思い出の物をどう整理するか

子どもが作った絵画作品や自由研究の作品、通知表……、「思い出の物は全て残したい」と親であれば誰でも思うのではないでしょうか？　私も子どもが幼い頃はそう思っていましたが、成長と共に増える物の数に対応するため、この考えは撤回しました。全て残していたらきりがありません。思い出の物は「このボックスに入るだけ」と決めて設けた「思い出ボックス」に収め、定形を保っています。

持ち帰った作品は飾るスペースを設け、新しい作品を持ち帰った時、古い物は撮影して処分。どうしても残したい物だけ、思い出ボックスで保管しています。

思い出ボックスは蓋つきの箱がマスト

ホームセンターで購入したプラスチックのボックスが我が家の思い出ボックス。以前は１人に１つのボックスに収納していましたが、現在は２人合わせて１つに。画用紙等の紙類は劣化するので画像で残し、コンパクトに整理しました。写真は１年分をまとめてCDやDVDに焼いて保存し、厳選した写真で、毎年１冊フォトブックを作っています。

ベッド回りにたくさんぬいぐるみを置きません

ベッドの回りにたくさんのぬいぐるみを置くのは止めましょう。ぬいぐるみは良い気を吸収してしまうと言われています。

ベッドに置かず別の場所に飾るのが理想ですが、ぬいぐるみがあることで安眠できる子どももいます。たくさん持って寝るのではなく、まずは3つくらいに数を絞ってみることから始めてみましょう。毎夜、本人に選ばせてみて。もしかすると、お別れできるぬいぐるみも出てくるかもしれません。

ぬいぐるみや人形の処分は、寺社で人形供養してもらうのが理想ですが、それが難しいなら処分する前にぬいぐるみを白い紙に包み、塩をひとつまみ振ってから感謝を込めて捨てましょう。大きくて紙に包めなければ紙袋に入れて構いません。顔が傷つかないようにするのがポイントです。直接、ビニールのゴミ袋に入れないでくださいね。

我が家で残しているぬいぐるみは、ハロッズのイヤーベアー(生まれた年のぬいぐるみ)のみ。鞄につけるサイズのマスコットを残し、大きなぬいぐるみは幼児教室に寄付したりフリーマーケットに出しました。

CHAPTER

4

あとは今すぐ行動
幸運体質になる

Now get to it.
Be a luck magnet.

運が良い人は運がずっと良い法則

私は運が良い人間です。

とはいえ、「あなたは運が良い」と占いで言われたことはないですし、生まれた時からずっと運が良かったわけでもありません。ネガティブな思考回路をしていた時期もあります。でも今は、単なる思い込みで、こうまわりに宣言しています。**自分自身で「運が良い人間」と決めたのです。そうすると、本当に運が良いことばかりが増えました！**

ずっと運が良い状態に身を置くと、多少悪いことが起こっても、それに気づきません。鈍感力があると言いますか、アホと言いますか（笑）。ちょっとくらい悪いことが起きても気にならないのです。気にしないと決めたら、本当に気にならなくなってきました。信じる者は救われる！

この本を読んでいるあなたはすでに開運しています。今以上に幸せになろうとして、本を読む行動を起こしているから。この本を活用して強運、そして幸運をずっとキープしてくださいね。

運の種類

運が開ける行動をすること……**開運**

運を引く力……**強運**

強運がずっと続くこと……**幸運**

運が良い人になるための5つの法則

運が良い人になるためには、これからご紹介する5つのことがとても大切です。

Rule 1 運の良い人と一緒にいる

「あの人と一緒にいたらスムーズにお店に入れる」「渋滞なしで到着した」など、ラッキーな経験をしたことはないでしょうか？

運が良くなる方法はとても簡単！

運が良い人と一緒にいること。運はうつるので、運の良い人と一緒にいれば即効果がありますが、その逆もまたあり。

毎日、不平不満ばかり言っているような運の悪そうな人が、もし自分のまわりにいるなら、注意が必要です。自分のまわりにいる人は自分の鏡！　運が良い人とばかり出会えるよう、次ページを参考にしてみましょう。

Rule

2 今の生活を大切にする

「今度しよう」「いつかしよう」「そのうちしよう」と、今、できることを未来に先延ばしにしたり、我慢していることはありませんか？　その我慢は必要な我慢でしょうか？　**過去、現在、未来、いちばん大切なのは「現在」です。**過去には戻れませんし、変えられません。未来は現在とつながっているので、今、何不自由なく暮らせている幸せを実感していれば、今とつながっている未来もきっと幸せです。○年○月○日にいきなり幸せスイッチが入ることはありません！

そして**心の記憶を再生するのが人生**ですから、幸せな未来のためには、日々、どんなことを思って暮らしているか？　日々の思考も大切。幸せな現在、未来を思えば、そのまま実現されますが、そうでなければ……。

起きてもいない未来を心配するのは時間の無駄です。運の良い人は、

× いつか幸せに
○ 今が幸せなら未来もきっと幸せ

↓

小さな日々の幸せを実感しましょう

決して時間を無駄にしません。

「今」が幸せで、「今」が充実していたら、将来もきっと幸せです。そのためにもまずは今の生活と思考を大切にしましょう。

Rule 3 妄想族になる　～心配は心配を生む～

『子どもが熱を出すかもしれないから、レッスンを欠席するかもしれません』という連絡は必要ありません」

自宅レッスンの初回、必ず皆様にお願いする一文です。

厳しいように思われるかもしれませんが、前ページで述べたように、「心の記憶を再生するのが人生」なので、母親が「子どもが熱を出すかも」と思えば、そうなる確率が上がります。それを知ってしまった私も「熱を出すかも……」と一緒に心配するので、欠席の確率はさらに上がる……。

そうならないために、「皆と楽しくお茶を飲みながらレッスンを受けている姿を妄想してください」とお願いしています。レッスンを欠席す

✕ 明日、雨が降ったらどうしよう
◎ 明日、晴れたらいいね！

楽しい未来を想像する

るのではなく、楽しく参加する方に妄想するのです。

初回レッスンでこのようにお伝えするので、皆様かなり驚かれますが、これを伝えるようになってからは実際に欠席がなくなり、妄想（思考）の大切さを実感しています。キャンセルだと申し訳ない……と思う気遣いはわかりますが、いちばん大切なのはお子様が「熱を出さないこと」。心配する時間と労力は無駄です！

妄想はタダです。今日からあなたも妄想族になりませんか？

「明日が雨降ったらどうしよう」と心配するより、仮に天気予報が「１００％雨」でも、「明日晴れたらいいね！」と**思考を切り替え、妄想できる心の余裕があり、天気をも変えてしまう人が、本当に運の良い人**なのです。

Rule 4 運の良い人は笑っている

この本を読んでいるあなたは、衣食住が足りているお幸せな方です。今、幸せなのに、それが当たり前すぎて、幸せボケしてはいないでしょうか？

そして、ある日突然、トラブルにあったり、病気になった時、「昨日まで自分はなんて幸せだったのか！」と気づく……。

実は昔の私は、幸せボケしていて、日々の小さな幸せを実感していませんでした。しかし予期せず病気を患い、これに気づかせて貰う機会に恵まれました。

今だからこのように書けますが、当時は「どうして私だけ？」「真面目に生きてきたのになぜ？」とひどく落ち込み、表面上は明るくしていても心の中はネガティブ真っ盛り。

心配は心配を生みますので、がんの進行はスピーディー！　病気発覚後4か月で手術に。無事、手術が終わり、「これでおしまい！」と思ったのも束の間、退院日に「再手術の可能性があります」と告げられ、ネガティブも再発。

検査の度に「また手術だったらどうしよう」と妄想するので、検査結果はグレー。手術には至らないけれど、検査期間が短く、もし「ネガティブ教」という宗教があったなら間違いなく教祖になれるほど、心の中は不安と恐怖で溢れていました。

そんな日々が続くと、病気とは全く関係ない足や腰に痛みが発症し、いろんな病院で検査をしても原因不明。仕事にも支障が出るほど痛みが出ていたので、当時勤めていた幼稚園の教員職は退職することに……。

退職後、自宅で収納教室を始め、今に至ります。

大好きな収納の話を毎日していたら、再手術のことも忘れるほど楽しく、レッスン生と楽しく話し笑っていると、不安な妄想をしている暇がなくなってきました。日々リラックスしているので検査結果を聞く恐怖からも解放され、無事術後3年をクリアしたのでした。私の病気はレッスン生が治してくれたと言っても過言ではありません。その治った勝因は、口角を上げて笑うこと。

人間の体内にはリンパ球の一種であるNK（ナチュラルキラー）細胞が50億個もあり、そのNK細胞は、がん細胞や体内に侵入するウィルスなど、体に悪影響を及ぼす物質を退治しているそうです。

NK細胞を活性化させ、**細胞を蘇らせるのは「笑うこと」**だそう。逆に、不平不満やネガティブな妄想は、細胞を死滅させてしまいます。

まさに術後の原因不明の足腰の痛みは、ネガティブな妄想から自分自身で発症させていたのです。

病気になる前から、これを知っていたら人生違っていたのかもしれませんが、この経験があったからこそ、ネガティブ教は卒業できましたし、今の私があるので病気には感謝しています。

「笑う」は、心から笑うことだけでなく、面白くなくても口角を上げるだけで十分良いそうです。人間の脳は、口角が上がるだけで「笑っている」と認識するのだとか。

「笑う門には福来る」

日々、当たり前に暮らせる幸せに気づき、笑いに溢れる生活を送ることがとても大切ではないでしょうか。

Rule 5 今の考えが未来を作る

昔、ネガティブに陥って日々ネガティブな妄想をしていた私には、ネガティブな未来がやってきました。ですので、より良い未来にしたいなら、「今」の妄想が重要です。

「こうしたい！」「あんなこともしたい！」と、楽しい未来、明るい未来を妄想することもできますし、「こうなったら嫌だな」「そんなことになったら困るな」と、不安な未来を妄想することもできます。

自分の未来は自分で作ることができると言っても過言ではありません。

人生のドライバーは自分自身です。より良い未来、そうでない未来、どちらの未来も自分で操縦できるなら、より良い未来にしたいですよね。

だったら、数分先の未来から、遠い未来まで、**やりたいこと、なりたい自分、何でも構わないので、口に出して10回、**言ってみましょう。「叶う」という字は、口に十と書きます。信じる、信じないはあなた次第です。

言葉には未来を変えるチカラがあります。人は言葉にした通りに行動を起こす傾向があると言われていますので、それを使って、自分がなりたい自分になって、予言してみませんか？　言葉はタダです！「今晩のおかずの天ぷら、カラッと揚がると良いな」これも、未来の話です。

大笑いされるかもしれませんが、私は「大事な日は雨が降らない」「信号はいつも青」「駐車場はいつも便利な場所に停められる」と決めたので、その通りになっています。昔のアルバムを見ると、修学旅行やキャンプは雨ですし、駐車場はいつも上の階まで上がる人でしたが、今では堂々とこう宣言しています。

実現したい未来を妄想するようになったことはもちろんですが、「大事な日は雨が降らない」等、小さな成功体験を積み重ね、眠っている潜在意識の中の自分の記憶を書き換えたので、今ではその通りになっています。

実際、この話を聞いた受講生から「本当に駐車場に停められます！」「信号、毎日青です！」とたくさんメールをいただくほど、皆様簡単に実現されています。**信じる者は救われます。**妄想はタダなので、やってみる価値はあると思いませんか？

もちろん、たまには信号が赤になることもありますし、駐車場に停められないことがあるかもしれません。そんな時があっても良いのです。上手くいかなかったことで落ち込んでいては細胞が滅び、ＮＫ細胞が活性化されなくなりますから、気にしないことがベストです。

運はお金で買えません

今まで生きてきた中で、「あの時やっておけば良かった……」とチャンスを逃し、後悔したこと、一度くらいないでしょうか？

迷いや先延ばしが運を逃してしまいます。「早い者勝ち」「幸運の女神には前髪しかない」という言葉があるように、「運はスピード」が大事です。**即断、即決、即行動！** 迷いが運を逃します。

チャンスがあれば、迷わずつかめるように、普段から決断力を身につけましょう。

人生１回こっきりです！ もし、やらなければいけないことがあるなら、さっさと済ませる癖づけも大切。早く行えば、早く進みます。早く終われば、残った時間でいろんなことが楽しめて、お得だと思いませんか？

逆に遅くなれば、忘れることもあり、忘れてしまえば信用を失ってしまいます。

運も縁も信用もお金で買えません。 だからこそ、すごく大切なのです。

運トレしましょう〜運は動きます〜

「運動＝スポーツ」ではありません。「運動＝行動」です。**運は動きますし、動かせます。**運は人の行動、環境、時の流れによって常に変化するので、日頃の行動がとても大切。

好奇心を持って生きていますか？　ワクワクする日常でしょうか？　何か始めるには、一歩踏み出す勇気が必要ですが、それが運を動かすスタートであり、運トレです。運を動かしたいなら、まずは普段とは違う行動パターンをしてみることも、運トレの一つです。

- **いつもと違う道を通ってみる**↓同じパターンから外れてみる
- **明るい色の服を着てみる**↓暗い色ばかり着ていませんか？
- **生まれて初めての体験をしてみる**

↓普段と違うテイストの物を買う、行ったことのない場所に行ってみる

大人になったからこそ、できることがあります。新しいことへの挑戦が素敵な未来につながるかもしれないと思うだけで、ワクワクドキドキしませんか？

言葉は肯定語を使いましょう

忙しい、時間がない、自信がない、バタバタしている……。

このような言葉、あなたは使っていませんか？

運を良くするために、毎日できることは、4S（整理、整頓、清潔、それを続ける習慣）以外に、**言葉遣いを大切にすること**。言霊と言われるほど、言葉にはチカラがあります。

「忙しい」は、心を亡くすと書きます。「忙しい」、「バタバタしている」ではなく、「充実している」の方が響きが良いと思いませんか？　バタバタできるのは幸せな方です。自分のこと以外、仕事、家事、育児、介護など、人のために何かしてあげることがあるからバタバタしているのではないでしょうか？　世の中には誰かのために何かしてあげたくてもできない方もいます。それを思えば、バタバタしていることも幸せに思うことができるのではないでしょうか？

ついつい家族に言ってしまう言葉、トップ3は、

片づけて！　散らかさないで！　早くして！

よく気がつくあまり先回りして、やってほしくないことを言ってしまいませんか？　片づけて！　という言葉は漠然として伝わりにくいので、「きれいにしてね」「（元の場所に）戻してね」「整頓してね」と、**家族にやってほしいことを伝えてみましょう**。「ケンカしないでね」ではなく、「仲良くしてね」、「こぼさないでね」ではなく、「しっかり持ってね」。相手が上手くできるような肯定語を普段から使うよう意識しましょう。

- 忘れ物がないように……**荷物を確認してね**
- 遅刻しないように……**○時○分に登校してね、○時○分に来てね**
- 落とさないように……**しっかり持ってね**
- 寝ないように……**起きててね**
- 緊張しないように……**リラックスしてね**
- 失敗しないように……**上手くいく、上手にできる**
- お金がない、貧乏にならない……**お金がある、お金持ちになりつつある**
- 気をつけてね……**楽しんでね**
- ごくろうさま、お疲れ様でした……**ありがとうございました**
- 痩せない……**ナイスバディになる**

魔法の言葉　ありがとう

風水では五感（視覚、聴覚、味覚、触覚、嗅覚）を大切にします。

言葉は聴覚に属します。肯定語はもちろん大切ですが、**もっと良いのは褒め言葉や、感謝の言葉**です。可能であれば、笑顔もプラスして（人生を80年とした場合、一生で人が笑う時間は平均22時間3分なのだそう。思ったより少ないと思いませんか？）。

私は宅配業者が荷物を運んでくれた時、「ごくろうさま」ではなく「ありがとうございました」と感謝の言葉を選んでお伝えし、スーパーや飲食店のレジでお金を払う時、バスやタクシーを降りる時も「ありがとうございます」とお礼をお伝えしています。

また親しき仲にも礼儀あり！　家族が何かしてくれた時も言っています。テレパシーはないので、言葉を発しないと伝わりません。

「ありがとう」の言葉には、場を浄化するパワーがあります。人の悪口は良くないのですが、つい話の流れで話す羽目になったり、聞きたくなくても聞いてしまった場合、最後に「ありがとう」とその場所や聞いてくれた人に言って、場を浄化させましょう。自分自身、不満がある場合もため込まず吐き出してから、その場で「ありがとう」と言い、場を浄化させてくださいね。

ある本の一節に、「その人が多く発している言葉を、もっとたくさん言わせようとする神様がいる」とありました。不平不満をたくさん言えば、さらに不平不満を言うようなことが増え、感謝の言葉をたくさん言えば、さらに感謝を言うことが増える……。

もしこれが本当なら、たくさん「ありがとう」を言わないのは、もったいない！　ぜひ口癖のように使い、もっともっと運が良い人になりましょう。

ありがとう

おわりに

最後まで読んでくださり、ありがとうございました。いかがでしたか？
実践できそうなこと、見つかりましたか？

私が伝えたいのは、**「片づけで幸せになる」**。ただこれだけです。

生活空間が整うと、ハッピーなことが起こり、日々の暮らしが充実し、楽しい人生にシフトします。家を整えることは0円なのに、そのリターンはお金には換算できない「心のゆとり」や「幸せな空間、時間」を得ることができるなんて、整理収納のプロになるまで、全く思いもしませんでした。それに気づいてしまったからには、多くの人に片づけの良さを知ってもらい、家庭が、日本が、世界が、幸せで平和になってほしい！
私は心からそう願っています。

本書では、どなたでもできる簡単な風水の一部をお伝えさせていただきました。中国４０００年の歴史のある風水を21世紀の日本の生活に取り入れようとすると、無理なこと、できないことが多々あります。本書で紹介したのは「プチ風水」ですので、もしかすると「プチ効果」かもしれませんが、やるとやらないでは大違い！

家を整えることで必ず良い気が流れ、幸せが入ってきます。家が整えば、それに気づく心のアンテナの感度も上がり、ミラクルが起こるでしょう。ポイントは小さな幸せにたくさん気づくこと。私自身、何度も体験しているので間違いありません。

「風水なんて信じない！」という方も中にはいらっしゃるかもしれませんが、真偽を問う前に一度、試してみませんか？

良いと思うことをやってみる素直な行動が、あなたに幸せをもたらし、人生を変えます。

楽しみながら風水のポイントを、日々の暮らしに取り入れてみてください。家を磨けば、運も自然と磨かれます。**運も家も磨き**、ハッピー&ラッキーな人生を過ごしましょう。これを読んでいるあなたなら、必ずできます。

ぜひ、笑顔で楽しみながらお試しください！　あなたの幸せを心から願っています！

最後になりましたが、この場をお借りして、このような素晴らしい機会を再度与えてくださった宝島社の山崎さん、ご尽力くださった編集の柳原さん、フォトグラファーの吉村さん、デザイナーの宇田川さん、漫画家の長浜さん、心より感謝申し上げます。今回もご一緒に本書を形にすることができたのは、皆様のお陰です。

いつも心から応援してくださるレッスン生、ブログの読者様、友達、私を支え協力してくれる家族、私に関わる全ての方に感謝を込めて。

小西紗代

小西紗代　こにし さよ

兵庫県神戸市在住。幼稚園教諭を経て、整理収納アドバイザー1級、風水鑑定士の資格を取得。2011年8月より整理収納サロン「神戸のちいさな収納教室」を主宰。予約が取れない人気教室となっている。また自宅の整理収納が雑誌や、テレビ、ラジオなどで紹介され生活感の漂わないスッキリした家の様子が話題になる。著書に『さよさんの片づけ力が身につくおうちレッスン』（扶桑社）、『さよさんの片づけが大好きになる収納教室』（宝島社）がある。

ブログ「ちいさいおうち」
http://sayo34sayo.blog86.fc2.com/

STAFF
編集：柳原香奈
デザイン：宇田川由美子
写真：吉村規子、shutterstock
漫画：長浜のり子
イラスト：宇田川由美子

さよさんの開運・整理収納術

2015年12月18日　第1刷発行
2016年3月21日　第5刷発行

著　　者　小西紗代

発 行 人　蓮見清一
発 行 所　株式会社宝島社
〒102-8388　東京都千代田区一番町25番地
営業　03-3234-4621
編集　03-3239-0069
http://tkj.jp
振替　00170-1-170829（株）宝島社
印刷・製本　日経印刷株式会社

ISBN978-4-8002-4749-0